Krafttiere

Die unsichtbaren Begleiter

von Tanja Schröder

Weitere Bücher der Autorin:

„Silberfell - Gedichte eines Wolfes“, erschienen im PS Verlag.

Sonnensex und Mondblut - Spirituelle Erotik und Ritualsexualität für Frauen und die spirituelle Bedeutung der Menstruation, ISBN 978-3-89094-422-7

Gesamtherstellung: Bohmeier Verlag, Printed in Germany

ISBN 978-3-89094-364-0

Krafttiere

Die unsichtbaren Begleiter

von Tanja Schröder

*Ich danke der Schamanin Cleo
für ihre freundliche Unterstützung.*

Inhaltsverzeichnis

Vorwort

Viele Menschen sind nicht mehr zufrieden mit dem rationalen und oftmals eintönigen Leben in unserer modernen Gesellschaft.

Die Kirche bietet keinen gemeinschaftlichen Halt mehr, da ihre Werte überholt sind und unter heutigen Gesichtspunkten oftmals sogar widersinnig erscheinen. So haben sich die meisten Leute darauf beschränkt, nur noch Arbeiter, Ehepartner oder Eltern zu sein.

Ein spiritueller Hintergrund fehlt jedoch. Immer öfter sieht man nun, wie in diesen Zeiten der Technik, Funktionalität und Wissenschaft plötzlich Rufe laut werden nach einem tieferen Sinn im Leben. Vielfach spürt man nun die Sehnsucht nach etwas, aus dem man Kraft und Energie schöpfen kann.

Die Menschen beginnen sich wieder auf das alte Wissen zu besinnen und entdecken auf einmal, was ihre Ahnen und Vorfahren vor vielen Jahrhunderten schon gewusst haben. Sie wussten um Dinge, die nicht so einfach zu beweisen und schon gar nicht zu erklären waren. Ihre Welt war noch geheimnisvoll und es galt, allerlei gefährliche Geister zu bannen. Mit den wenigen Mitteln, die ihnen zur Verfügung standen, versuchten sie, ihr Leben in Gesundheit und Glück zu verbringen. Als es noch keine hochwirksamen Medikamente gab und schon die geringste Krankheit zum Tode führen konnte, mussten sie die Natur um sich herum genau kennen.

Von Feng Shui, Reiki und Tai Chi hat nun schon bald jeder gehört und es gilt meist sogar als „trendy", einen Kurs in einem dieser Bereiche besucht zu haben. Auf ihrer Suche nach einem tieferen Sinn, Erfüllung, Hilfe oder auch Heilung probieren die Menschen vieles aus. Sie hoffen, im alten Wissen etwas zu finden, was ihnen Schulmedizin, Kirche und Gesellschaft nicht geben können. Dabei droht das alte Wissen zu einer Modeerscheinung zu werden, denn viele der Menschen, die so eifrig alles ausprobieren, tun dies nicht mit ganzer Seele, sondern nur aus Neugierde. Es klingt verlockend einfach, sich von einem Kursleiter etwas zeigen und erklären zu lassen und damit sein Leben zu verbessern. Über dies vergessen viele, dass wahre Heilung einzig aus einem selbst kommen kann. In der eigenen Seele stecken jene Kräfte, die uns dazu befähigen, ein Leben in Harmonie zu führen. Leben heißt lernen und lernen heißt wissen. Und das Wissen ist der Schlüssel zur Selbsterkenntnis.

Als ich begann, mich mit Krafttieren zu beschäftigen, wusste ich noch nicht, wieviel Macht in mir selbst steckte. Die Arbeit mit meinen Krafttieren weckte Fähigkeiten, die mir halfen, immer mehr ich selbst zu werden und mein Leben bewusst zu gestalten. Ich möchte Ihnen mit diesem Buch Ihre eigenen Kräfte näher bringen und Sie dazu auffordern, auf Ihre innere Stimme zu hören. Wenn Sie genau hinhören, dann ertönen geheimnisvolle Tierlaute. Es sind die Stimmen Ihrer Krafttiere. Lernen Sie Ihre Krafttiere kennen und entdecken Sie, wie Sie mit Ihren unsichtbaren Begleitern ein erfüllteres und bewussteres Leben führen können.

Dachau, den 30. August 2001

Tanja Schröder

Einführung

Der schamanische Weg – Was ist Schamanismus?

Schamanismus ist das älteste Heilungssystem der Menschheit. Seine Ursprünge liegen mehrere zehntausend Jahre zurück. Übersetzt aus dem Sibirischen bedeutet Schamanismus „mit Hitze und Feuer arbeiten“, was jemanden beschreiben soll, der Energien umwandelt. Feuer ist für die Schamanen die größte Kraft der Transformation, und als Heiler, die sich und andere transformieren können, ist dieser Name ein Symbol für ihr Wirken.

Im Schamanismus wird die Welt von einem ganz anderen Blickpunkt aus gesehen. Alles ist beseelt und muss als lebendiger Teil unserer Welt betrachtet werden. Es gibt keine „toten“ Dinge und vom Stein bis zur Pflanze hat alles Geist und Seele. Der Schamane nimmt die Natur als ein ganzes, miteinander verwobenes System wahr, in dem alles mit allem verbunden ist und sich somit gegenseitig beeinflussen kann. Natürlich bindet er auch den Menschen ein in dieses System. Im Gegensatz zu vielen anderen Religionen ist der Mensch im Schamanismus Teil der Natur und nicht deren Herrscher. Hier wird nicht die Natur zu unterwerfen versucht, es wird viel eher danach getrachtet, in Harmonie und gegenseitigem Verstehen zu existieren. Der Einklang mit der Umwelt ist des Schamanen Ziel und er ist stets darum bemüht, sich mit der Natur zu verbinden und in ihr die Antworten zu finden, die er braucht.

Der Schamane benutzt einige Hilfsmittel, um sich seiner spirituellen Kräfte bedienen zu können. Das wohl bekannteste ist die schamanische Trommel. Sie besteht traditionell aus einem Holzrahmen und einer straff darüber gespannten Tierhaut (meist Ziegen- oder Hirschhaut). Die Trommel wird mit Motiven verziert, die dem Schamanen etwas bedeuten. Dies kann das Abbild seines Krafttieres sein oder Symbole, die Geist erweiternde Wirkung haben. So sieht man z. B. oftmals Sonnen, Monde oder Sterne auf den schamanischen Trommeln.

Weitere Hilfsmittel sind der Medizinbeutel, der mit persönlichen Dingen gefüllt ist, das Ritualgewand, Mandalas und Heilbilder mit schamanischer Symbolik. Dem Schamanen ist jedoch nicht vorgeschrieben, welche Dinge er zu Hilfe nehmen kann. Alles, was ihm begegnet, kann zu einem magischen Gegenstand werden, und je persönlicher dieser ist (oder durch seinen ständigen Gebrauch gemacht wird), desto wirksamer ist er. All diese Hilfsmittel dienen dazu, den Geist des Schamanen von der alltäglichen Welt hinfort zu ziehen und sich loszulösen von den alltäglichen Gedanken. Auf diese Weise wird er frei und kann seine Seele auf Reisen schicken.

Der schamanische Glaube basiert auf einer Weltanschauung, in der das Sein in verschiedene miteinander verbundene Ebenen aufgeteilt ist. Für den Schamanen gibt es eine Oberwelt, eine Mittelwelt und eine Unterwelt. Je nach Kulturkreis kann es noch den Weltenbaum geben, der die Mitte dieser drei Ebenen bildet. Diese Welten bilden die wahre Existenz und als Seelenreisender kann der Schamane zwischen den Welten wechseln.

Das wahre Sein schreibt der Schamane einzig der Seele zu. Im schamanischen Glauben ist nur sie wirklich in der Lage, die Welten wahrzunehmen, zu fühlen, zu erleben und uneingeschränkt zu existieren. Die Seele ist es, die sich bei einer schamanischen Reise auf den Weg macht, und die Seele ist es, die den Menschen am Leben hält. Jedoch heißt dies nicht, dass man zwangsläufig bewusstlos wird oder stirbt, wenn einen seine Seele verlässt. Dies führt in den meisten Fällen „nur" zu Apathie oder körperlichen Krankheiten. Oft verlässt die Seele auch freiwillig den Körper, um sich zu schützen. So etwas kommt vor, wenn ein Mensch misshandelt oder zu etwas gezwungen wird. Dann verlässt die Seele zeitweise seine irdische Hülle, um sich vor Verletzung oder gar Vernichtung zu schützen. Kehrt die Seele nicht mehr zurück, erkrankt der Mensch. Ein Schamane ist hier die einzige Möglichkeit, die betroffene Person zu heilen.

Um eine Heilung herbeizuführen, muss der Schamane zu erst einmal wissen, wohin und wie weit die Seele gegangen ist und unter welchen Umständen dies geschah. Dann kann er eine schamanische Reise machen und in der Unterwelt nach der verlorenen Seele oder einem gestohlenen Seelenteil suchen. Hierbei nutzt er die Hilfe seines Krafttieres, das ihn führt, berät und beschützt.

Ein Schamane ist in erster Linie ein Heiler. Er kümmert sich um die Menschen seines Stammes, seines Dorfes, seiner Umgebung. Seine Heilweise ist ganzheitlich und spirituell. So ist er Psychotherapeut, Arzt, Chirurg, Homöopath und Physiotherapeut in einer Person. Er weiß genauso um die vielen Zusammenhänge der menschlichen Psyche und deren Störungen wie um die körperlichen Beschwerden und Zusammenhänge. Für den Schamanen ist es in erster Linie erstrebenswert, die Selbstheilungskräfte in seinem Patienten zu aktivieren und zu fördern, denn er weiß, dass Heilung nur aus einem selbst kommen kann.

Die Heilung auf der körperlichen Ebene erreicht der Schamane mit vielerlei Mitteln. So bedient er sich der Heilpflanzen aus der Natur und versteht es, daraus Tinkturen, Salben und Umschläge herzustellen. Aber auch ohne pflanzliche Mittel kann ein Schamane den Körper seines Patienten beeinflussen. Zum Beispiel ist es nachgewiesen, dass sich während einer schamanischen Zeremonie der elektrische Hautwiderstand, die Pulsfrequenz und Atmung, der Zellinnendruck und auch die Körpertemperatur erheblich verändern können.

Ebenfalls ist bekannt, dass jedes Gehirn ständig elektromagnetische Wellen erzeugt und diese als elektromagnetische Felder auch außerhalb des Schädels messbar (Enzephalografen) sind. Diese Felder können von einem Schamanen zur Heilung seines Patienten beeinflusst werden.

Das Schamanentum hat keine übliche Lehre, so wie man es von der Schulmedizin, von Ayurveda, der Homöopathie oder anderen medizinischen Heilweisen kennt. Er ist vielmehr auf einen großen Erfahrungsschatz aufgebaut, den sich zahlreiche Generationen erwarben und in einer durchgehenden Kette an die Nachkommen weitergaben. Ein Schamane versteht sich als Träger spiritueller Heilkräfte. Aus der Welt der Geister, Götter und Krafttiere holt er sich Rat und Hilfe. Durch ihn fließen die Heilkräfte in seinen Patienten, und somit heilt nicht der Schamane an sich, sonder die große Heilkraft über ihn und durch ihn. Als ein Medium kann der Schamane verstanden werden, der die Verbindung zu den höheren Kräften herstellt und dem Hilfe suchenden Menschen übermittelt.

Ein Schamane unterscheidet nicht zwischen Gut und Böse, für ihn ist alles neutral. Er schreitet nur ein, wenn etwas verschoben ist oder nicht mehr an seinem Platz, wenn etwas fehlt oder zuviel davon vorhanden ist. Sein Wirken bemüht sich um ein natürliches Gleichgewicht. Dieses herzustellen ist die Kunst eines Schamanen.

Dem Schamanismus wurde 1980 von der Weltgesundheitsorganisation bei der Behandlung psychosomatischer Erkrankungen eine gleichwertige Bedeutung zuerkannt wie der westlichen Medizin.

Die drei Welten des Schamanen

Die Mittelwelt

Dies ist die Welt, in der wir leben. Hier kennen wir uns aus, da wir in sie hinein geboren wurden. Sie besteht aus dem Universum, unserer Erde, den Menschen, Tieren und Pflanzen. Nur in dieser Welt gibt es die Zeit, so wie wir sie kennen. Sie kann zwar gering verändert werden (z.B. durch halluzinogene Drogen oder Meditation), aber im Großen und Ganzen sind wir ihr unterworfen und von ihr durchdrungen.

Aber auch in dieser Welt, die wir so gut zu kennen glauben, gibt es Dinge, die wir (noch) nicht verstehen und die uns vielleicht für immer ein Rätsel bleiben werden. So kann niemand die magischen Heilschwingungen von Edelsteinen erklären oder weshalb uns geweihte Talismane schützen können. Wer vermag schon zu verstehen, wie wir manchmal durch Gedankenkraft Dinge voraussehen oder geschehen lassen? Allein dieser so genannte Zufall, wenn zwei gute Freunde genau zur selben Zeit den Telefonhörer abnehmen und den jeweils anderen anrufen, ist doch ein kleines Wunder. Wie kann man erklären, dass manche Menschen den Tod eines anderen spüren können, dass ein Geschäftsmann mit einem unguten Gefühl im Bauch seinen Flieger nicht besteigt und dieser dann abstürzt oder dass verschollene Kinder von Pendlern ausfindig gemacht werden. Solche Rätsel geben uns einen kleinen Einblick in die Andersartigkeit der anderen zwei Ebenen.

Die Oberwelt

Hier wohnen Götter, die Seelen verstorbener Schamanen, übernatürliche Wesen und Tiergeister. Von ihnen kann ein Schamane sich Rat und Hilfe holen für sein Wirken. Die Wesen dieser Welt sagen ihm, wie er eine Heilung vornehmen oder eine Initiation gestalten kann. Sie geben ihm Ratschläge für all seine spirituellen Unternehmungen. Er kann sich von einem seiner Krafttiere dorthin führen lassen, in einer Meditation seinen Geist hinauf schicken oder durch andere, seiner Fantasie entnommene Methoden von der mittleren zur oberen Welt reisen.

Die Unterwelt

Die Unterwelt ist von vielen unterschiedlichen Wesen besiedelt, von denen die meisten sehr andersartig und somit schwer zu beschreiben sind. Es sind Geister, Gottheiten und Seelen verschiedenster Art.

In diese Welt verirren sich des öfteren Seelen. Manchmal werden sie auch von Geistern dorthin entführt. Die Aufgabe des Schamanen ist es dann, diese Seelen aufzuspüren und wieder in die Mittelwelt zu geleiten.

Der Schamane betritt diese unterirdische, zeitlose Welt durch einen Eingang im Boden. Dabei macht es keinen Unterschied, ob dieser Eingang in Form eines Tunnels, einer Höhle oder Schlucht wirklich existiert oder ob der Schamane ihn nur visualisiert. Denn im Schamanismus ist auch das vollkommen real, was wir uns vorstellen können.

In der Unterwelt angelangt, kann ein erfahrener Schamane nun eine verlorene oder gestohlene Seele finden und zurückholen. Er kann die Unterwelt aber auch betreten, um mit seinem Krafttier in Verbindung zu treten. Die meisten Krafttiere stammen aus der Unterwelt.

Der Weltenbaum

Dieser Baum zieht seine Wurzeln durch die Unterwelt. Sein mächtiger Stamm erhebt sich in der Mittelwelt und die Krone breitet sich in der Oberwelt aus. Auf diese Weise verbindet er die Ebenen miteinander. Der Schamane wechselt zwischen den Welten, in dem er ihn hinauf oder hinab klettert. Dies ist symbolisch für die schamanische Reise.

Krafttiere: Begleiter, Lehrmeister und innere Führer

„Für mich ist ein Krafttier so etwas wie ein Schutzengel."

Cleo, Schamanin

Krafttiere entstammen dem schamanischen Glauben und sind die der Seele tief verbundenen Wegbegleiter, die Rat und Schutz geben. Es heißt, dass jeder Mensch mit neun Krafttieren verbunden ist, die ihm zur Seite stehen. Jedes dieser Tiere ist Regent einer der neun Richtungen: Norden, Süden, Westen, Osten, Oben, Unten, Innen, Rechts und Links. Ein Krafttier hat große Macht, und diese hängt nicht unbedingt mit der jeweiligen Größe des Tieres zusammen. Hier sind die spirituellen Kräfte gemeint. Die Kräfte, die ein Tier braucht, um sein Leben zu meistern. Wer könnte einer Maus beispielsweise große Kraft absprechen, wenn er bedenkt, wie viele Feinde sie hat und von wie vielen Gefahren sie umgeben ist. Trotzdem lebt die Maus ihr Leben und verzweifelt nicht an ihrer Lage.

Krafttiere können nahezu alle Tiere der Welt sein. Es gibt jedoch einige Tiere, die weitaus öfter als Krafttier fungieren als andere. So sind der Wolf, der Adler oder der Rabe klassische Krafttiere. Eisvogel, Ratte oder Giraffe hingegen kommen seltener vor und sind als Raritäten unter den Krafttieren anzusehen.

Welche Krafttiere man hat, hängt im wesentlichen davon ab, wer man ist. Die Krafttiere sind Lehrer, die uns die Lektionen des Lebens näher bringen und somit unsere charakterlichen Schwächen ausgleichen können. Aber die Krafttiere können nie unser exaktes Gegenteil sein, da wir sie in uns tragen. Nehmen wir das Beispiel von Sonja, einer meiner Patientinnen. Sie ist ein friedliebender Mensch, der jedoch lernen sollte, mehr aus sich heraus zu gehen und das Leben nicht so schwer zu nehmen. Während der Arbeit mit ihr wurden ihr nach und nach ihre Krafttiere bewusst und es war nicht erstaunlich, dass sie kein einziges Raubtier unter ihren Krafttieren fand. Aber es waren viele Vögel darunter, die sie lehren konnten, wie man mit Leichtigkeit die Schicksalsschläge des Lebens hinnimmt und das eigene Wirken auch mal „von oben" betrachten kann. Dazu kam das Pferd, welches ihr vermitteln wollte, ihr Leben eigenständig zu lenken und ein natürliches Gleichgewicht zu finden zwischen führen und geführt werden.

„Mit der Zeit stellte sich heraus,
dass meine verschiedenen Krafttiere für
verschiedene Aufgaben zuständig sind.
Gepflegt und beachtet wollen sie natürlich alle werden,
ganz egal, wofür sie zuständig sind."

Cleo, Schamanin

Krafttiere werden auch Totemtiere genannt. Ein Totem (der Begriff kommt aus dem Indianischen) ist ein Mensch, Tier oder Gegenstand, mit dem man auf einer spirituellen Ebene verwandt ist. Um seine Kraft anzuziehen haben sich die Indianer ihre Totems auf ihre Zelte, Decken und Trommeln gemalt oder auch symbolhaft ihren Körper damit verziert. Und wer kennt nicht die eindrucksvollen Totempfähle?

Im Schamanischen werden Krafttiere oft als „Spirits" bezeichnet, was Geist oder Seele bedeutet. Dies kommt dem eigentlichen Wirken der Krafttiere sehr nahe, denn sie sind Geisterwesen, die die Seele eines Menschen begleiten, beschützen, heilen und führen.

Krafttiere können im Laufe des Lebens wechseln. Einige bleiben von der Geburt bis zum Tod, andere wechseln bei einem neuen Lebensabschnitt. Es ist davon auszugehen, dass jeder Mensch mindestens ein Krafttier hat, welches ihn niemals verlassen wird. Meistens sind dies jene Tiere, die nicht so überwältigend erscheinen und eher im Hintergrund bleiben. Sie sind die wahren Begleiter.

Sein Krafttier zu kennen hat viele Vorteile. Zum einen kann man sich die Mächte seiner Krafttiere aktiv zu eigen machen und zum anderen wird man nie mehr das Gefühl haben, allein, hilflos oder einsam zu sein. Die Krafttiere bilden die innere Stimme, sie sind die reine Intuition. Wenn wir um sie wissen, werden wir uns plötzlich vieler Dinge bewusst und erleben uns und die Welt ganz neu. Man kann sagen, dass wir mit dem Wissen um unsere Krafttiere alles durch verschiedene Augen sehen und durch verschiedene Ohren hören können. Unsere spirituelle Kraft kann durch sie geweckt werden und uns helfen, das Leben als das zu sehen, was es ist, und durch die Masken hindurch zu blicken, mit denen wir tagtäglich konfrontiert werden.

„Die Eigenschaften des Krafttieres stellen immer denjenigen Teil in dir dar, der dir fehlt. Deshalb ist es auch wichtig, sich nach der Auffindung des Krafttieres genau nach seinen Eigenschaften zu erkundigen."

„Wenn ich keine Krafttiere mehr hätte, wäre es wohl so, als wenn ich einen sehr; sehr guten Freund verlieren würde, auf den ich mich immer 100 % verlassen konnte."

„Man sollte jedoch nie vergessen, dass der letztendliche Entschluss, ob man einen Rat seines Krafttieres befolgt, allein in der eigenen Entscheidung liegt! Man kann diesen Rat befolgen, muss es aber nicht. Gib deshalb niemals deine Verantwortung ab!"

Cleo, Schamanin

Wie ermittle ich meine Krafttiere?

Sicherlich werden Sie sich fragen, welche Krafttiere Ihnen wohl zur Seite stehen, von denen Sie bisher nur noch nichts wussten. Um die Krafttiere zu ermitteln gibt es mehrere Wege. Welchen Sie benutzen, ist Ihre persönliche Entscheidung. Es gibt keinen besseren oder schlechteren Weg, sondern nur Ihren eigenen. Entscheiden Sie einfach instinktiv, welcher Weg Ihnen als der richtige erscheint. Nehmen Sie sich ruhig Zeit und erwarten Sie nicht, dass Sie sofort alle ihre Krafttiere erfahren werden. Manchmal lebt man mit nur sechs oder sieben, bis sich dann wieder eines hinzugesellt. Oftmals ist es auch ganz gut, wenn ein Krafttier noch verborgen bleibt, bis es an der Zeit ist, Ihnen zu erscheinen. Um Ihre Krafttiere zu ermitteln brauchen Sie kein Schamane zu sein. Es genügt, wenn Sie sich von Ihrer alltäglichen Welt einmal bewusst trennen und sich auf Ihre spirituellen Kräfte besinnen. Jeder von uns hat diese Kräfte. Nutzen Sie sie, um Ihre Krafttiere zu finden!

Orakel

Schreiben Sie die Namen aller Tiere, die Ihnen spontan einfallen, auf viele kleine Zettel und falten Sie diese zusammen. Um eine ausreichende Auswahl zu haben, sind mindestens 30 Zettel erforderlich. Dann mischen Sie die Zettel vor sich auf dem Tisch durcheinander und konzentrieren sich auf sich selbst. Denken Sie nicht lange nach und lassen Sie Ihre Hand (am besten die linke) über dem Zettelhaufen kreisen. Wenn Sie spüren, dass Sie die Hand senken wollen, tun Sie es, und nehmen den Zettel, der sich zwischen Ihre Fingern drängt. Machen Sie das so oft sie wollen, aber nicht mehr als neun Mal. Denken Sie daran, dass Sie nicht unbedingt gleich alle neun Tiere auf einmal herausfinden müssen. Handeln Sie hierbei nach ihrem Bauchgefühl. Wenn Sie nun die Zettel öffnen, erfahren Sie, welche Krafttiere Ihnen zur Seite stehen.

Eine andere Form des Orakels kann man auch mit diesem Buch durchführen. Nehmen Sie dazu das Buch geschlossen in die Hände und öffnen Sie spontan irgendeine Seite vom mittleren Teil, in dem die Krafttiere und deren Bedeutung erklärt wird. Das Tier auf der aufgeschlagenen Seite ist dann eines Ihrer Krafttiere.

Bei der Orakeltechnik lassen wir das Unbewusste entscheiden, welche Krafttiere die unseren sind. Dies schließt aus, dass wir durch zu viel Überlegen mit dem Kopf anstatt mit der Seele unsere Krafttiere ermitteln.

Beobachten

Eine einfache Art und Weise ist auch das Beobachten von sich selbst. Überlegen Sie, bei welchem Tier sie mehr Gefühlsregungen verspüren als bei anderen. Ich beispielsweise musste schon seit meiner Kindheit immer weinen, wenn ich Walgesang hörte. Dieser Gesang schien etwas tief in mir zu bewegen. Der Wal ist eines meiner Krafttiere.

So ähnlich können Sie auch verfahren. Es könnte sein, dass Sie als Kind schon ein Faible für eine bestimmte Tierart hatten oder das Schmusetier Ihrer Kindheit Aufschluss gibt. Manchmal geraten Krafttiere in Vergessenheit, wenn wir mit dem Abstreifen unserer Kindheit auch die Lieblingstiere hinter uns lassen. Mir ging es mit der Maus so. Irgendwann in der Pubertät war ich sogar beleidigt, wenn mir meine Verwandten zum Geburtstag mal wieder etwas mit einer Maus schenkten. Ich meinte dann zu ihnen, dass ich schließlich erwachsen werde und diese kindischen Geschenke nicht mehr bräuchte. Ich wollte nicht mehr wie ein kleines Kind behandelt werden und verleugnete somit die Verbindung zu der Maus, die viele Jahre lang mein Lieblingstier gewesen war. Erst jetzt entdeckte ich dieses Tier wieder neu und erkannte, dass es niemals wirklich fort gewesen war.

Autogenes Training

Eine gute Art für spirituell erfahrenere Menschen, seine Krafttiere zu ermitteln, ist Autogenes Training. Denn hierbei begegnen sie Ihnen zwangsläufig irgendwann. Eine Anleitung für das richtige Meditieren kann man schlecht geben, da auch dies ein persönlicher Vorgang ist, der vom Charakter des Menschen abhängt. Wer aber noch keine Erfahrung mit Autogenem Training hat, kann folgendermaßen vorgehen.

Legen Sie sich bequem hin, am besten auf den Boden, auf eine Matte oder Decke. Versuchen Sie, so entspannt und gelöst wie möglich zu sitzen. Vielleicht ist der Schneidersitz die beste Art für den Anfang. Dann müssen Sie alle Gedanken aus ihrem Kopf verbannen. Beginnen Sie, nur noch auf Ihre eigene Atmung zu achten. Atmen Sie langsam ein und spüren Sie dabei, wie Brustkorb und Bauch sich weiten. Atem Sie langsam wieder aus und spüren Sie dabei, wie Bauch und Brustkorb sich leeren. Atmen Sie bewusst langsam und lassen Sie nach jedem Atemzug ein paar Sekunden vergehen, bis Sie ausatmen. Stellen Sie sich vor, wie die Luft rein und kühl bis in die hintersten Winkel Ihres Körpers eindringt und Entspannung, Gesundheit und Freiheit mit sich bringt. Beim Ausatmen stellen Sie sich vor, wie alles Schlechte, Alte und Negative aus Ihnen herausströmt und sich auflöst. Wenn Ihnen irgendwelche Gedanken im Kopf kreisen, versuchen Sie, diese abzustellen. Verkrampfen Sie sich jedoch nicht, sondern lassen Sie die Gedanken einfach kommen und gehen. Jetzt stellen Sie sich einen schönen Ort vor. Dies kann eine Wiese sein, ein Strand oder eine Almhütte – je nach Ihren persönlichen Vorlieben. Versuchen Sie die Sonne und den Wind in Ihrem Haar zu spüren. Versuchen Sie ganz dort zu sein mit all Ihren Sinnen. Und jetzt wird ein Tier zu Ihnen kommen. Lassen Sie es einfach auf Sie zu kommen, warten Sie nur ab. Was ist es für ein Tier? Wie sieht es aus? Was tut es oder sagt es vielleicht sogar etwas?

Zerstören Sie das Bild nicht dadurch, dass Sie zu zweifeln beginnen. Alles, was in Ihrer Vorstellung geschieht, hat seine Richtigkeit. Lassen Sie es zu und lernen Sie Ihre Krafttiere kennen!

Vielleicht fällt Ihnen auch Ihr eigener, ganz persönlicher Weg ein, um Ihre Krafttiere zu finden. Es kommt allein auf Ihre Intuition und Fantasie an.

Wenn Sie nun Ihre Krafttiere kennen, können Sie sie näher kennen lernen. Im nächsten Kapitel werde ich die geläufigsten Krafttiere nennen und deren Bedeutung aufschlüsseln. Aber auch hier gilt, dass die Krafttiere durchaus auch ganz persönliche Bedeutungen haben können. Versuchen Sie einfach, die Bedeutungen in diesem Buch mit Ihren eigenen Überlegungen und Ideen zu kombinieren. So können Sie erfahren, was Ihnen ihre Krafttiere lehren wollen und wobei sie Ihnen helfen können.

„Es wird dir treu dienen, dir helfen und dir deine Fragen beantworten.
Deshalb halte es in Ehren.

Wenn du weißt, welches Tier dein Krafttier ist, beschäftige dich mit ihm, erkundige dich nach seinen Eigenschaften und mache dir klar, welche das sind."

Cleo, Schamanin

Welche Krafttiere gibt es?

An dieser Frage scheiden sich die Geister. Da es Schamanismus in mehreren Kulturkreisen gegeben hat (und gibt), variieren die Ansichten darüber, welche Tiere man als Krafttiere akzeptiert. Im Keltischen sind es beispielsweise Tiere wie Wolf, Krähe und Biene, da diese Tiere in den keltischen Gebieten am häufigsten anzutreffen waren. Doch in diesem Buch will ich möglichst alle Gebiete der Erde mit einschließen. In der heutigen Zeit sind die Kontinente eng zusammengerückt und der Austausch zwischen den verschiedenen Kulturen ist groß. Dies soll gewürdigt werden, indem Tiere aus aller Herren Länder hier mit eingeschlossen werden. Vom freien Adler über das geduldige Krokodil bis hin zum weisen Wolf wird jedes wichtige Tier genannt und beschrieben. Sicherlich kann dies keine vollständige Auflistung sein, denn so vielfältig wie die Tierwelt selbst ist auch die menschliche Seele, und so kann jeder Mensch in sich ein Krafttier entdecken, das ungewöhnlich und selten ist. Welche es nun tatsächlich für einen sind, muss jeder selbst herausfinden. In diesem Buch sind folgende Krafttiere beschrieben:

Adler	**Flamingo**	**Meerschweinchen**
Affe	**Fledermaus**	**Panther**
Ameise	**Frosch**	**Papagei**
Antilope	**Fuchs**	**Pfau**
Bär	**Gepard**	**Pferd**
Biber	**Giraffe**	**Puma**
Biene	**Hirsch**	**Rabe**
Büffel	**Igel**	**Ratte**
Dachs	**Jaguar**	**Reh**
Delphin	**Kakadu**	**Schlange**
Eber	**Känguruh**	**Schmetterling**
Eichhörnchen	**Kaninchen**	**Schwan**
Eidechse	**Katze**	**Seehund**
Eisvogel	**Krokodil**	**Spatz**
Elch	**Kuckuck**	**Spinne**
Elefant	**Kuh**	**Taube**
Ente	**Lamm**	**Tiger**
Esel	**Libelle**	**Wal**
Eule	**Löwe**	**Wellensittich**
Falke	**Luchs**	**Widder**
Fisch	**Maus**	**Wolf**

„Ehre und respektiere dein Krafttier, es ist dein Freund und Helfer. Einen guten Freund wirst du auch gut behandeln.“

Cleo, Schamanin

Welche Bedeutung hat welches Krafttier?

Der Adler

Wenn der Adler hoch am Himmel fliegt, dann sieht er die Welt in ihrer Ganzheit. Er überblickt alles und weiß, dass jedes Lebewesen auf Erden zu einem viel größeren Gesamtbild gehört. Hier ist das Individuum nicht mehr wichtig, es zählt der höhere Zweck, die Stärke der Gesamtheit.

So lehrt uns der Adler, nicht nur uns und unsere Probleme zu sehen, sondern das große, übergeordnete Bild. Gut und Schlecht können nur zusammen existieren, und diese Erkenntnis lernen wir von dem alles überblickenden Adler. Wir müssen uns und alle anderen Wesen im Kontext des allumfassenden Lebens sehen. Wenn wir nicht nur einseitig sehen, können wir uns zu etwas Höherem entwickeln. Die Adlerkraft birgt grenzenloses Vertrauen in die natürliche Führung. Sie zeigt uns, dass alles gut ist, wie es ist.

Der Adler verlangt, dass wir unsere inneren Beschränkungen aufgeben und darauf vertrauen, dass alles so kommt, wie es kommen soll. Er möchte uns zeigen, dass wir unsere Ängste verlieren und über den eigenen Horizont hinaus blicken müssen.

Die Botschaft des Adlers ist:	Lasse los und fliege!
Symbol des Adlers:	Feder, Berg, Himmel
Element des Adlers:	Luft
Edelstein des Adlers:	Bergkristall
Tageszeit des Adlers:	Morgen
Jahreszeit des Adlers:	Frühling
Farbe des Adlers:	Silber, Weiß
Als Amulett schützt der Adler vor:	Kleinlichkeit und Flugangst
Als Talisman bringt der Adler:	Weitsicht und Mut

Der Affe

Der Affe lebt in einer engen Beziehung zu seiner Familie. Er versteht es, Werkzeuge zu benutzen, um zu bekommen, was er will. Seine Bewegungen sind kraftvoll und zielstrebig und er erobert sich damit den schwierigen Lebensraum in den Ästen der hohen Bäume.

Als Krafttier will uns der Affe helfen, unseren eigenen Erfolg zu verstehen und anzunehmen. Wir können und sollen stolz sein auf das, was wir leisten und erreichen. Aber er zeigt uns auch, dass wir unser Ich den äußeren Gegebenheiten anpassen müssen, flexibel sein müssen, um ans Ziel zu kommen. Wie er sollen auch wir uns von Ast zu Ast schwingen und nicht versuchen, alles auf einmal zu bekommen.

So wichtig wie Erfolg und der Weg zu einem sich selbst gesetzten Ziel ist aber auch die Familie. Jeder Mensch braucht die Geborgenheit einer Familie, sei es die, in die wir hinein geboren wurden, oder eine von uns selbst gewählte. Nur mit dem Rückhalt einer liebevollen und vertrauten Familienbande können wir die Extreme des Lebens verstehen und uns weiterentwickeln. Mit diesem Rückhalt gelingt es uns, unsere Umwelt zu verändern und zu gestalten.

Die Botschaft des Affen ist:	Erreiche deine Ziele Schritt für Schritt!
Symbol des Affen:	Baum
Element des Affen:	Erde
Edelstein des Affen:	Malachit
Tageszeit des Affen:	Nachmittags
Jahreszeit des Affen:	Sommer
Farbe des Affen:	Braun, Grün
Als Amulett schützt der Affe vor:	Überforderung und Haltlosigkeit
Als Talisman bringt der Affe:	Zugehörigkeitsgefühl und Agilität

Die Ameise

Wir alle kennen die Kraft dieses kleinen Wesens. Fast jeder von uns hat schon einmal eine Ameise ein für sie riesiges Stück Nahrung transportieren sehen. Über weite Strecken transportieren Ameisen oftmals Dinge, die gut zehn Mal so schwer sind wie sie selbst. Dabei muss sie Ausdauer beweisen und darf nicht auf halbem Weg aufgeben. Sie arbeitet zum Wohle einer Gemeinschaft und ist nur ein Rädchen in diesem großen Ganzen. Die Gruppe ist das, was zählt. Für die Aufgabe in dieser Gruppe muss die einzelne Ameise einiges leisten und sehr vielfältige Fähigkeiten in sich vereinen. Sie muss genauso stark wie selbstlos, genauso angriffslustig wie sorgfältig sein.

Die Ameise ist ein starkes Krafttier, und hier zeigt sich, dass die körperliche Größe nicht das Entscheidende ist. Sie lehrt uns, dass sich letztendlich alle Arbeit und Mühe lohnen werden, auch wenn wir das auf dem weiten Weg unseres Daseins oft nicht mehr wahrnehmen und ans Aufgeben denken. Wir bekommen das, was wir brauchen, wenn wir es brauchen. Zur richtigen Zeit wird alles zu uns kommen, wenn wir nicht aufgeben und weiterhin unsere Arbeit verrichten. Alle Energie, die wir investieren, wird vermehrt zu uns zurückkehren und uns genügend entlohnen.

Die Botschaft der Ameise ist:	Sei ausdauernd und vertraue auf deinen verdienten Lohn!
Symbol der Ameise:	Ameisenhügel, Helm
Element der Ameise:	Erde
Edelstein der Ameise:	Roter Jaspis
Tageszeit der Ameise:	Vormittags
Jahreszeit der Ameise:	Frühling
Farbe der Ameise:	Rot
Als Amulett schützt die Ameise vor:	Trägheit und Eigenbrötler-Dasein
Als Talisman bringt die Ameise:	Ausdauer und Fleiß

Die Antilope

Die Antilope ist ein äußerlich zartes und zerbrechlich wirkendes Tier. Sie ist elegant in ihren Bewegungen und in ihren dunklen Augen liegt etwas Geheimnisvolles. Es ist das Wissen um das größte Geheimnis von allen: den Tod. Durch ihr Wissen fürchtet sie sich nicht und folgt dem Kreislauf des Lebens mit Vernunft und Ruhe.

Mit der Antilopenkraft kommt die Fähigkeit zu uns, intuitiv zu wissen, was getan werden muss. Besonnenes Handeln und Vertrauen auf die innere Stimme sind es, was uns die Antilope lehren will. Sie weckt in uns die eigene innere Kraft und zeigt uns, dass wir auf unsere Eingebung vertrauen können.

Auch hilft uns die Antilope, die richtige Waage zwischen Reden und Schweigen zu finden. Übereilte Worte oder eisiges Schweigen an falscher Stelle kennt die Antilope nicht. Sie weiß immer, was wann gesagt werden muss. Doch wir werden merken, dass sie lieber schweigt und handelt.

Es ist Mut von Nöten, um der Antilope zu folgen und ihre Lehre anzunehmen. Sie verlangt nichts weniger von uns, als unsere Furcht zu überwinden und auf uns selbst zu vertrauen.

Die Botschaft der Antilope ist:	Wenn du den richtigen Zeitpunkt spürst, dann spring!
Symbol der Antilope:	Busch, Sand, Horn
Element der Antilope:	Luft
Edelstein der Antilope:	Citrin
Tageszeit der Antilope:	Morgen
Jahreszeit der Antilope:	Frühling
Farbe der Antilope:	Ocker, Gelb
Als Amulett schützt d. Antilope vor:	Angst und Unvernunft
Als Talisman bringt die Antilope:	Vertrauen und Vernunft

Der Bär

Am Ende des Jahres zieht sich der Bär in seine Höhle zurück und beginnt den langen Schlaf. Er zieht sich in sich selbst zurück und betritt die große Leere, in der Schweigen herrscht. Hier erkennt, lernt und verarbeitet er. Eine lange Zeit wird er in der Traumwelt leben, bis er im Frühjahr wieder neu aufersteht.

Diesen Weg wählen auch Schamanen manches Mal, wenn sie Antworten suchen und sie in der Welt um sich herum nicht finden.

Von der Bärenkraft lernen wir, durch Selbstbeobachtung unsere Fragen beantwortet zu bekommen. Er zeigt uns, dass alle Antworten in uns selber liegen. Es ist sehr wichtig, dass wir uns manchmal von der lauten, hektischen Welt zurückziehen und uns der Stille hingeben, die der beste Lehrmeister ist. Der Bär will uns auch daran erinnern, dass unser Leben auf dem unserer Vorfahren aufgebaut ist und das Leben unserer Vorfahren wiederum auf dem derer Vorfahren und so fort. Unsere Kinder, wir selbst und unsere Ahnen wandeln den selben Pfad. Bei den Lakota-Indianern sagt man: „Mitakuye owasin", was so viel heißt wie: „Wir sind alle miteinander verwandt."

Die Energie des Bären ist empfangend und deshalb weiblich. Sie ist gleichermaßen intuitiv wie kraftvoll. Wir werden angehalten, unsere wahren Wünsche zu erkennen und nach ihnen zu streben. Der Bär warnt jedoch auch davor, sich in der eigenen Gedankenflut und den Blick auf das Ganze zu verlieren. Er mahnt uns, zwischen Ruhe und Verlassen-Sein zu unterscheiden und nicht den Kontakt zur Realität zu verlieren.

Die Botschaft des Bären ist:	Suche in dir selbst nach den richtigen Antworten!
Symbol des Bären:	Höhle, Blätter
Element des Bären:	Erde
Edelstein des Bären:	Magnetit
Tageszeit des Bären:	Abend
Jahreszeit des Bären:	Winter
Farbe des Bären:	Braun, Grau
Als Amulett schützt der Bär vor:	Schwäche und Ziellosigkeit
Als Talisman bringt der Bär:	Kraft und Einsicht

Der Biber

Die Biberbauten sind legendär. Ihre Werke aus Holz zeigen ihren Fleiß und den Gemeinschaftssinn, der sie zu großer Leistung anspornt. Er ist ein begnadeter Baumeister und er hat alles Werkzeug, was er braucht. Seine langen, scharfen Zähne sind sein Kapital. Er baut seine Wohnungen durchdacht und achtet auf Sicherheit. Eine Biberburg hat mehrere Ausgänge, und dies beinhaltet auch schon die erste Lehre des Bibers: Er will uns erkennen lassen, dass wir uns stets mehrere Türen offen halten sollen. Wenn wir nur in eine Richtung denken, kann es leicht geschehen, dass wir uns eine Falle für uns selbst bauen.

Die zweite Lehre des Bibers ist, die eigenen Träume und Ideen in die Tat umzusetzen und in einem Team daran zu arbeiten. Alles, was wir dazu brauchen, besitzen wir schon, so wie der Biber seine Zähne. Die Biberkraft schenkt uns Wachsamkeit und Teamfähigkeit. Wir sollen Lösungen finden, uns Möglichkeiten offen halten und immer das Ziel im Auge behalten.

Wenn wir unsere eigenen Möglichkeiten einschränken, dann kann uns die Biberkraft helfen, uns zu öffnen und neue Wege zu beschreiten.

Die Botschaft des Bibers ist:	Halte dir dein Ziel vor Augen und arbeite mit Umsicht an seiner Verwirklichung!
Symbol des Bibers:	Wasser, Holz
Element des Bibers:	Wasser
Edelstein des Bibers:	Heliodor
Tageszeit des Bibers:	Vormittags
Jahreszeit des Bibers:	Frühling
Farbe des Bibers:	Ocker, Braun, Grün
Als Amulett schützt der Biber vor:	Langeweile und Schwäche
Als Talisman bringt der Biber:	Einsatzfreude und Umsicht

Die Biene

Der Lebensraum der Biene sind weite Wiesen, Felder und Wälder. Doch das Herzstück ihres ganzen Seins ist der gut organisierte Bienenstock. Hier zeigt sich, wie perfekt die Natur eine gemeinschaftsorientierte Ordnung schaffen kann. Jeder kennt seinen Platz und niemand würde auf die Idee kommen, etwas anderes sein zu wollen, als er ist.

Die Sonne spielt für die Bienen eine große Rolle. Nach ihr richten sie den Bienenstock aus und in ihrem Tanz orientieren sie sich an ihr, um der Gemeinschaft den rechten Weg zu weisen.

Wenn wir an die Biene denken, denken wir zuerst einmal an das Sammeln von Honig. Unablässig fliegt die Biene hinaus um den süßen Nektar zu holen. Das Sammeln ist das Stichwort für die Lehre der Biene. Sie lehrt uns, dass wir sammeln müssen, um ein großes Ganzen zu erschaffen und zu erhalten. Und sammeln kann man vieles: Erfahrungen, Ideen, Eindrücke, materielles Gut und Gedanken. Hier will uns die Biene zeigen, dass wir unser gesammeltes Hab und Gut auch ordnen und ihm Struktur geben müssen. Was nützen uns die besten Ideen, wenn wir sie nicht in eine fruchtbare Ordnung bringen? Sammeln und Ordnen ist also nun unsere Aufgabe.

Die Botschaft der Biene ist:	Sammle und ordne, damit du dein Leben gestalten kannst!
Symbol der Biene:	Honig, Sonne, Blume
Element des Biene:	Feuer
Edelstein der Biene:	Calcit
Tageszeit der Biene:	Mittag
Jahreszeit der Biene:	Sommer
Farbe der Biene:	Gelb
Als Amulett schützt die Biene vor:	Einsamkeit und Faulheit
Als Talisman bringt die Biene:	Fleiß und Überblick

Der Büffel

Fülle ist hier das Stichwort. Die gewaltige Masse und Kraft des Büffels ist der Überfluss schlechthin. Seine Stärke zeigt sich hier in einem mächtigen Körper.

Der Büffel ist Symbol für Reichtum und sexuelle Potenz. Die Gaben, die das Leben für uns bereithält, sind in ihm verkörpert. Er will uns lehren, dass wir alles im Überfluss erhalten können, wenn wir dankbar sind. Es hilft nichts, mit aller Kraft zu wollen und etwas zu erzwingen. Wir müssen offen sein und respektieren, was wir möchten. Dann wird es uns zukommen. Und dann ist es wichtig, zu teilen und auch anderen Lebewesen das selbe Glück zu gönnen.

Wohltätig und fruchtbar steht uns die Büffelkraft zur Verfügung, und wenn wir uns mit ihr verbinden, können wir Zugang zu unserer männlichen Seite finden und deren Kräfte nutzen, um Durchhaltevermögen für schwierige Situationen zu gewinnen. Mit ihr bringen wir Fülle und Reichtum in unser Leben und können unser Vertrauen in die materielle Welt stärken.

Die Botschaft des Büffels ist:	Erhalten und Geben sind im Gleichgewicht; also gib, wenn dir etwas gegeben wird!
Symbol des Büffels:	Feuer, Fels
Element des Büffels:	Erde
Edelstein des Büffels:	Achat
Tageszeit des Büffels:	Nachmittag
Jahreszeit des Büffels:	Sommer
Farbe des Büffels:	Rot
Als Amulett schützt der Büffel vor:	Armut und Kälte
Als Talisman bringt der Büffel:	Wohlstand und Glück

Der Dachs

Das Wort „Dachs" entstammt dem Keltischen und der Dachs galt seit jeher als Tier von großer Weisheit und Zähigkeit. Vorurteile sprechen davon, dass der Dachs träge wäre und lichtscheu, da er unter der Erde lebe. Doch in Wahrheit ist der Dachs ein sehr schöpferisches und tatkräftiges Tier. Er ist zwar nicht groß und wirkt durch seinen kompakten Körperbau schwerfällig, aber er kann ein gefährlicher Gegner sein. Seine Wildheit kann sogar in Aggressivität umschlagen und er ist im Kampf sehr ausdauernd. Die Kraft des Dachses können wir nutzen, um unangenehme Situationen zu meistern.

So lehrt uns der Dachs, unseren Zorn kreativ umzuwandeln und im Gleichgewicht zu bleiben. Die Dachskraft verbindet sich oft mit Heilerinnen und Heilern, und jene Menschen sind nicht selten gute, zielstrebige Anführer. Wenn uns die Kraft des Dachses beiwohnt, dann zeigt sie uns, wie wir die Energie eines Angriffs nutzen können, um uns selbst voran zubringen.

Ist der Dachs unser Krafttier, lehrt er uns, ohne Angst unsere Gefühle frei heraus zu lassen und auch unter bedrohlichen Umständen nicht in Panik zu geraten.

Die Botschaft des Dachses ist:	Lass deine Wut heraus und wandle sie in positive Energie um!
Symbol des Dachses:	Wald, Erde
Element des Dachses:	Erde
Edelstein des Dachses:	Turmalin
Tageszeit des Dachses:	Mittag
Jahreszeit des Dachses:	Herbst
Farbe des Dachses:	Schwarz, Weiß
Als Amulett schützt der Dachs vor:	Ängstlichkeit und Schüchternheit
Als Talisman bringt der Dachs:	Kreativität und Zielstrebigkeit

Der Delphin

Delphine sind freiheitsliebende Wesen, und doch kennen sie nur das „Wir". Sie leben in vollendetem Einklang mit der Natur und der Umstand, dass ihr Lebensraum das Wasser ist, sie jedoch Säugetiere sind, gibt ihnen besonderen Status.

Sie gelten als Bewahrer des Atems, und als solche sind sie direkt mit der Lebenskraft verbunden. Der Delphin als Krafttier wird für uns Kontakt herstellen mit den anderen Welten. Der Atem verbindet uns mit der gesamten Schöpfung. Mit ihm können wir bewusst loslassen und alles Schlechte einfach ausatmen. Rhythmus ist das Stichwort bei der Wellen gleichen Delphinkraft. Sie lehrt uns, unseren Rhythmus immer den Umständen anzupassen und somit alle Hürden und Hindernisse mit Leichtigkeit zu meistern.

Als Vermittler zwischen den Welten ist uns der Delphin behilflich, unsere ganz persönliche Schwingung zu finden. Mit dem Atem strömt sie aus uns heraus und erreicht auch andere Menschen. Da der Delphin ein äußerst soziales Wesen ist, wird er uns zeigen, wie wir Beziehungen frei und losgelöst gestalten. So schützt er uns vor zu viel Nähe genauso wie vor zu viel Distanz.

Die Botschaft des Delphins ist:	Lebe im Rhythmus mit der Schöpfung!
Symbol des Delphins:	Wasser, Wellen
Element des Delphins:	Wasser
Edelstein des Delphins:	Topas
Tageszeit des Delphins:	Vormittag
Jahreszeit des Delphins:	Sommer
Farbe des Delphins:	Blau
Als Amulett schützt der Delphin vor:	Gefühlskälte und Beziehungsangst
Als Talisman bringt der Delphin:	Freude und Harmonie

Der Eber

Der Eber verkörpert die pure Kraft und Stärke. Er weiß, wohin er will, und geht seinen Weg unbeirrt. Seine Energie ist männlich und ein Sinnbild für unbeugsamen Kampfesmut. Bei den Kelten war er ein heiliges Tier. Sie schmückten ihre Schilde und Helme mit Ebergestalten.

Der Eber flieht nicht, er stellt sich der Gefahr. Und dies ist auch seine Lehre. Er widersetzt sich ritterlich jedem Angriff auf seine Rechte und Tapferkeit ist eine seiner wichtigsten Attribute.

Die Germanen verbanden die Göttin Freya und ihren Bruder Freyr mit dem Eber und es heißt, dass Freyr auf einem goldborstigen Eber ritt. Viele Orts- und Personenamen wurden mit der Vorsilbe Eber- gebildet, da man sich so die Kraft des wilden Tieres zu erwerben hoffte.

Als Krafttier lehrt er uns Mut und Standhaftigkeit. Er zeigt uns, wie wir uns gegen Missstände wehren und nicht weichen, wenn es an der Zeit ist zu kämpfen.

Die Botschaft des Ebers ist:	Stelle dich und kämpfe für dich und die deinen!
Symbol des Ebers:	Tanne, Hauer
Element des Ebers:	Erde
Edelstein des Ebers:	Moqui-Marbles
Tageszeit des Ebers:	Morgen
Jahreszeit des Ebers:	Sommer
Farbe des Ebers:	Braun, Gelb
Als Amulett schützt der Eber vor:	Furcht und Feigheit
Als Talisman bringt der Eber:	Stolz und Durchsetzungskraft

Das Eichhörnchen

Früher wurde das Eichhörnchen mit Argwohn betrachtet. Es wurde mit dem Gott der Lügen Loki in Verbindung gebracht und säte als „Ratatöskr“ (Rattenzahn) Zwietracht im Weltenbaum Yggdrasil zwischen dem Adler und dem Lindwurm.

Aber in anderen Kulturen sah man wiederum die guten Eigenschaften, die das Tier an den Tag legt. So zum Beispiel das fleißige Sammeln von Nahrung für schlechte Zeiten und die enorme Anpassungsfähigkeit an die äußeren Umstände. Ebenso ist es auch heute noch für seine Schnelligkeit und Gewitztheit bekannt.

Als Krafttier lehrt uns das vorsichtige Eichhörnchen, sich immer gut vorzubereiten auf alle Eventualitäten. Wir sollen unsere Kräfte klug einteilen und nicht vorschnell handeln. Da es immer an die Zukunft denkt, ist es ein schlauer Ratgeber. Wenn wir der Eichhörnchenkraft folgen, wird es uns nie an etwas mangeln und wir werden stets gewappnet sein.

Das Wort „Eichhörnchen“ leitet sich nicht, wie viele glauben mögen, von der Eiche ab, sondern von der Wortwurzel aig, was in etwa „sich heftig bewegen“ bedeutet. Hier zeigt uns das Eichhörnchen, dass wir stets beweglich und flexibel bleiben müssen.

Die Botschaft des Eichhörnchen ist:	Sei flexibel und immer gut vorbereitet!
Symbol des Eichhörnchens:	Nuss
Element des Eichhörnchens:	Feuer
Edelstein des Eichhörnchens:	Hyazinth
Tageszeit des Eichhörnchens:	Nachmittag
Jahreszeit des Eichhörnchens:	Herbst
Farbe des Eichhörnchens:	Rot, Braun
Als Amulett schützt das Eichhörnchen vor:	Böse Überraschungen und Starrheit
Als Talisman bringt das Eichhörnchen:	Flexibilität und Reichtum

Die Eidechse

Man glaubte in früheren Zeiten, dass die Eidechse die Zukunft herbei träumt und so Zeit und Raum erschafft. Sie ist Sinnbild für Träume und Fantasie. Als Prophetin sieht sie die Zukunft. Der Umstand, dass sich ihr Schwanz erneuert, wenn sie ihn verloren hat, macht sie zu einem Krafttier besonders für Heilerinnen und Heiler.

Wenn wir von der Eidechse lernen, erfahren wir, dass meist das geschieht, was wir selbst anziehen, sei es gut oder schlecht. Sie will, dass wir uns mit unseren eigenen Schattenseiten bekannt machen, um die Angst vor ihnen zu verlieren. Nur so können wir Hoffnung haben in die Zukunft. Die Eidechsenkraft gibt uns die nötige Stärke, um Verantwortung für uns und Andere zu übernehmen. Besonders aber lehrt sie uns, dass wir selber es sind, die unsere Zukunft gestalten. Denn wir erschaffen aus uns heraus die Realität und sind ihr nicht hilflos ausgeliefert.

Ihre Häutung steht für Wiedergeburt und somit für das Herauswachsen und Loslassen alter Muster. Auf diese Weise zeigt uns die Eidechse, dass sich alles stets erneuert und nichts so bleibt, wie es ist. Auch wir müssen uns von Zeit zu Zeit „häuten“, damit wir nicht in der Vergangenheit zurück bleiben. Folgen wir der Eidechse, übernehmen wir Verantwortung und wachsen über uns hinaus.

Als Sonnentier hat sie große Kraft und bringt Licht ins Dunkel der Seele.

Die Botschaft der Eidechse ist:	Du ziehst all das an, was in dir wohnt!
Symbol der Eidechse:	Stein, Sonne
Element der Eidechse:	Feuer
Edelstein der Eidechse:	Labradorit
Tageszeit der Eidechse:	Mittag
Jahreszeit der Eidechse:	Sommer
Farbe der Eidechse:	Grün, Gelb
Als Amulett schützt die Eidechse vor:	Grübelei und Ergebenheit
Als Talisman bringt die Eidechse:	Veränderung und Einsicht

Der Eisvogel

Der Eisvogel ist ein ruhiges, besonnenes Tier. Er ist nicht leicht zu erschrecken und geht sein Tagwerk mit einer gewissen Gleichgültigkeit an. Konzentration sagt man ihm nach und als sehr friedvolles Tier ist er Sinnbild für Gewaltlosigkeit.

Von dem Eisvogel als Krafttier können wir ganz besonders die Fähigkeit erlernen, klare Sicht sogar bei emotionaler Erregung zu behalten.

Mit seinem schimmernden Gefieder ist er auch als besondere Schönheit bekannt. Seine äußere Gestalt ist so bezaubernd, dass man ihn auch mit dem Schmetterling vergleicht. Es verbindet diese beiden Tiere im Grunde die Fähigkeit, allem zu entfliehen, was sie beengt. Beide Wesen sind sehr leicht und auch wendig in ihrem Element Luft. Doch anders als der Schmetterling hat sich der Eisvogel noch ein anderes Element erobert. Er taucht bei seiner Jagd nach Fischen ins unruhige Element Wasser.

Die Ruhe des Eisvogels und die Veränderlichkeit dieses Elements verbanden frühere Kulturen zu dem äußerst passenden Bild des friedvollen Sees mit ungetrübter Wasseroberfläche. Der Eisvogel steht für das stille Wasser und dessen sprichwörtliche Tiefe.

So lehrt er uns, dass auch wendige, schöne Körper eine tiefe Seele haben können, wenn sie sich der eigenen inneren Kraft bewusst und auf sich konzentriert sind.

Die Botschaft des Eisvogels ist:	Erreiche die Tiefen deiner Seele durch Konzentration und klare Sicht auf die Dinge!
Symbol des Eisvogels:	Wasser
Element des Eisvogels:	Luft und Wasser
Edelstein des Eisvogels:	Coelestin
Tageszeit des Eisvogels:	Vormittag
Jahreszeit des Eisvogels:	Frühling
Farbe des Eisvogels:	Blau, Weiß, Rot
Als Amulett schützt der Eisvogel vor:	Unkonzentriertheit u. Oberflächlichkeit
Als Talisman bringt der Eisvogel:	Konzentration und Schönheit

Der Elch

Das Bild eines Elches im Wald, der röhrend seine Brunftrufe ausstößt, ist hier das Leitmotiv. Der Elch als großes, eindrucksvolles Tier kann uns helfen, uns selbst so zu achten, wie wir es verdienen. Die Elchkraft erlaubt nicht, dass wir unser Licht unter den Scheffel stellen. Sie zeigt uns, dass der Stolz auf uns selbst und auf unsere Werke und Taten uns wirklich gebührt.

Menschen, die ihre Leistung immer herabwürdigen oder Lob bescheiden von sich weisen, lernen durch den Elch, dass sie sich damit nur selbst schaden. Die Seele will gelobt und gewürdigt werden. Schon aufgrund ihrer selbst. Denn sie ist ein wahres Wunderwerk. Die Elchkraft will uns also helfen, stolz auf unsere Existenz zu sein. Freude über das bloße Existieren bringt ein Glück mit sich, das selten von äußeren Dingen erreicht werden kann.

Folgen wir dem Elch, so heißt das, dass wir uns selbst anerkennend auf die eigene Schulter klopfen und endlich sehen, wie wertvoll wir in Wahrheit sind. Und diese Freude über uns selbst sollen wir zum Ausdruck bringen. Freude teilen ist ebenso wichtig wie anderen Freude zu bereiten.

Auch unsere Mitmenschen brauchen Lob und Anerkennung. Wenn uns die Elchkraft also gelehrt hat, wie wir unsere Freude über unsere eigene Existenz ausleben sollen, dann ist die Zeit gekommen, auch anderen diese Freude zu gönnen.

Die Botschaft des Elches ist:	Sei stolz auf dich und schenke dir und anderen Anerkennung!
Symbol des Elches:	Geweih, Eiche, Binsen
Element des Elches:	Erde
Edelstein des Elches:	Moqui-Marbles
Tageszeit des Elches:	Nachmittag
Jahreszeit des Elches:	Frühling
Farbe des Elches:	Grün, Braun, Gelb
Als Amulett schützt der Elch vor:	Übermäßige Bescheidenheit und falsche Zurückhaltung
Als Talisman bringt der Elch:	Anerkennung und Gewinn

Der Elefant

Der große, standhafte Elefant ist schon seit vielen Jahrhunderten ein Symbol für Stärke, Klugheit und Loyalität. In vielen asiatischen Kulturen ist er zudem auch noch ein Glücksbringer von enormer Macht. „Auf dem Elefanten reiten" ist im Chinesischen ein Synonym für Glück. Seine altersgraue Weisheit kann uns vieles lehren. So hilft der Elefant jenen Menschen, denen es an Entschlusskraft mangelt. Er gibt uns innere Ruhe und Gelassenheit gegenüber den Widrigkeiten des Lebens. Nachdenken und dann handeln ist Sache des Elefanten. Alles überblickend und fest mit der Erde verwurzelt lässt er sich nicht täuschen. Sein Weg ist unbeirrbar und er geht ihn langsam aber beständig. Wenn wir auf die Elefantenkraft hören, bekommen wir Zuversicht und eine innere Stärke, die auf Wissen und Geduld basiert. Ohne weiteres wird es uns gelingen, Widerstände und Barrieren zu beseitigen.

Die Botschaft des Elefanten ist:	Sei geduldig, klug und loyal, dann erlangst du innere Stärke!
Symbol des Elefanten:	Elfenbein, Stoßzahn
Element des Elefanten:	Erde
Edelstein des Elefanten:	Zinkblende
Tageszeit des Elefanten:	Mittag
Jahreszeit des Elefanten:	Sommer
Farbe des Elefanten:	Grau, Weiß
Als Amulett schützt der Elefant vor:	Ungeduld und Unentschlossenheit
Als Talisman bringt der Elefant:	Entschlossenheit und Stärke

Die Ente

Die Wasserenergie ist die Macht der Ente. Und mit der Wasserenergie kommen Tiefe, Intuition und Verständnis. Haben wir die Entenkraft auf unserer Seite, werden wir auch in den wildesten Strudeln des Schicksals noch einen klaren Kopf bewahren. Unsere Gefühle können enorme Tiefen erreichen, und doch werden wir klar sehen können, was um uns herum geschieht. Einerseits ist die Ente nüchtern und gelassen, andererseits birgt sie großes Wissen in den Künsten der Heilung.

Die Entenkraft lehrt uns, die Dinge so zu sehen, wie sie sind, aber auch noch mehr zu sehen und den Blick nicht zu verschließen gegenüber dem, was nicht zu erklären ist. Die Ente hat die einmalige Fähigkeit, realistisch und seherisch zugleich zu sein.

Die Botschaft der Ente ist:	Sieh' die Welt – und auch die Welt dahinter!
Symbol der Ente:	See, Feder, grünende Äste
Element der Ente:	Wasser
Edelstein der Ente:	Zoisit
Tageszeit der Ente:	Nachmittag
Jahreszeit der Ente:	Frühling
Farbe der Ente:	Braun, Blau, Gelb
Als Amulett schützt die Ente vor:	Entzündungen und Verwirrung
Als Talisman bringt die Ente:	Heilung und Durchblick

Der Esel

Die Sturheit des Esels ist sprichwörtlich. „Stur wie ein Esel“ zu sein bedeutet allgemein, dass man nicht von seinem Standpunkt abweicht, auch oder vielleicht sogar weil man im Unrecht ist. Doch dies muss nicht unbedingt eine schlechte Eigenschaft sein! Es gibt viele Menschen, die nicht Nein sagen können und sich von anderen heillos ausnutzen lassen. Diesen Menschen würde die Eselskraft dabei helfen, endlich auch mal die eigenen Interessen vertreten zu können. Es kann manchmal sehr hilfreich sein, wenn man unter Druck nicht nachgibt, sondern erst recht hart bleibt und nicht von der Stelle rückt. Je stärker der Esel am Halfter gezogen wird, desto hartnäckiger stemmt er sich dagegen. Er zeigt uns somit, dass wir uns durch Sturheit gegen Dinge wehren können, die wir nicht wollen, die uns zu viel sind. Wir lernen von ihm, dass wir manchmal eine Entscheidung treffen und dann dazu stehen müssen. Er ist ein wichtiges Krafttier für Menschen, die sich endlich nicht mehr ausnutzen und zu etwas zwingen lassen wollen.

Die Botschaft des Esels ist:	Triff‘ deine Entscheidungen und steh‘ dazu!
Symbol des Esels:	Gras, Strang
Element des Esels:	Erde
Edelstein des Esels:	Unakit
Tageszeit des Esels:	Nachmittag
Jahreszeit des Esels:	Herbst
Farbe des Esels:	Braun, Grau
Als Amulett schützt der Esel vor:	Helfersyndrom und Ja-Sagerei
Als Talisman bringt der Esel:	Entschlusskraft und Selbstvertrauen

Die Eule

Die weise Eulenkraft ist Herr über Dunkelheit und Magie. Menschen, die ihrer habhaft sind, fühlen sich oft zum Mystischen hin gezogen und interessieren sich für okkulte Techniken und Rituale. Da Eulen ohne Geräusche fliegen, in der Nacht sehen und sehr differenziert hören können, nehmen sie die Welt viel intensiver wahr als andere Lebewesen. Sie durchschauen alles und jeden und können immer die ganze Wahrheit hinter der Fassade erkennen.

Mit der Eulenkraft haben wir die Möglichkeit, Weisheit durch scharfes Beobachten zu erlangen. Wir durchleuchten die Masken unserer Mitmenschen und haben die Fähigkeit, Lügen zu entlarven, wenn die Eulenkraft mit uns ist. Keine Geheimnisse sind sicher vor einem Menschen, der die Eule als Krafttier besitzt.

Und da wir alles durchschauen und die höhere Wahrheit hinter den Dingen zu erkennen vermögen, werden wir auch nie an falschen und überholten Mustern festhalten, die uns in unserem Fortschreiten nur unnötig beschweren und behindern. Die Eulenkraft hilft uns, zwischen den verschiedenen Stadien des Menschseins leichter zu wechseln.

Die Botschaft der Eule ist:	Sieh' hinter die Fassade!
Symbol der Eule:	Augen
Element der Eule:	Luft
Edelstein der Eule:	Jade
Tageszeit der Eule:	Nacht
Jahreszeit der Eule:	Winter
Farbe der Eule:	Braun, Gelb
Als Amulett schützt die Eule vor:	Festhalten an alten Mustern und Oberflächlichkeit
Als Talisman bringt die Eule:	Veränderung und Erkenntnis

Der Falke

Schnell und lautlos fliegt der Falke am Himmel. Seine scharfen Augen sehen jede Bewegung am Boden. Er ist Meister in seinem Element: der Luft. Und als Wesen der Luft ist sein Verstand genau so scharf wie seine Augen. Er weiß um Dinge, die von großer Wichtigkeit sind. So galt er in manchen Kulturen als Bote, der mit seinem Schrei ein Ereignis von großer Wichtigkeit ankündigt. Denn er deutet alle Zeichen richtig. Von seinem hohen Posten aus sieht er und erkennt er. Er verbindet alles, was er sieht, zu einem Ganzen und kann alle Zusammenhänge überblicken.

Als Krafttier lehrt er uns, dass wir uns hinauf schwingen müssen, um die Lage zu erkennen, in der wir sind. Nur wenn wir alles von einer höheren Warte aus sehen, können wir alle Zusammenhänge verstehen und handeln. Handeln ist ein wichtiger Aspekt. Der Falke erwartet nicht, sitzt nichts aus oder lässt etwas über sich ergehen. Er breitet die Schwingen aus und fliegt los. Seine Kraft zeigt uns, dass wir Herr über unser Leben sind. Wenn wir uns mit seiner Kraft verbinden, bedeutet dies, dass wir nicht länger passiv sind, sondern sehen und handeln.

Die Botschaft des Falken ist:	Sieh‘ hin, erkenne und handle!
Symbol des Falken:	Türme
Element des Falken:	Luft
Edelstein des Falken:	Falkenauge
Tageszeit des Falken:	Morgen
Jahreszeit des Falken:	Frühling
Farbe des Falken:	Grau, Weiß
Als Amulett schützt der Falke vor:	Hilflosigkeit und Starre
Als Talisman bringt der Falke:	Entwicklung und Handlungsfähigkeit

Der Fisch

So frei ist der Fisch in seinem Element, dass ihm alle Richtungen offen stehen. Nach oben, unten, links, rechts, vorne oder hinten kann er schwimmen. Sein Körper ist vollkommen seiner Umwelt angepasst. Er uns sein Körper bilden eine perfekte Einheit. Seine Dynamik, seine Kraft ist in seiner Natur verankert. Er weiß, wohin er gehört und woher er kommt. Ewig jung und ewig aktiv ist er Sinnbild für Lebendigkeit.

Menschen, die die Fischkraft besitzen, gehen neue Wege ohne Angst. Mit dem Fisch als Krafttier können wie alte und schädliche Strukturen durchbrechen und somit überwinden. Da er in große Tiefen vordringen kann, ist er sich seiner Wurzeln bewusst. Er strebt nach ursprünglicher Weisheit und lehrt uns, von Herzen das zu sein, was wir sind.

Die Fischkraft ist aber auch in hohem Maße künstlerisch und inspirierend. Denn der Fisch lebt auf eine Weise in seiner Umwelt, die alles in sich vereint und akzeptiert.

Die Botschaft des Fisches ist:	Sei vollkommen du selbst!
Symbol des Fisches:	Wellen
Element des Fisches:	Wasser
Edelstein des Fisches:	Aquamarin
Tageszeit des Fisches:	Morgen und Abend
Jahreszeit:	Sommer
Farbe des Fisches:	Blau, Silber
Als Amulett schützt der Fisch vor:	Unbeweglichkeit und Ablehnung seiner selbst
Als Talisman bringt der Fisch:	Selbst-Bewusstsein und Kreativität

Der Flamingo

Der Flamingo ist ein interessantes Tier. Sein auffälliges, rosarotes Gefieder und seine schlanke, langhalsige Statur heben ihn aus der Masse hervor. So, wie er oft auf einem Bein steht – vollkommen ruhig und ausgeglichen –, ist er ein Vorbild an Gleichgewicht und Geradlinigkeit. Auch in großen Gruppen ist er noch ein einzelnes, abgegrenztes Wesen. Sicherheit und Schönheit, Selbstbewusstsein und Intelligenz sind seine Attribute.

Als Krafttier lehrt uns der Flamingo, dass man immer ein Individuum sein kann, auch wenn man Teil einer großen Gruppe ist. Er zeigt uns, wie man im Gleichgewicht bleibt und alle Situationen des Lebens gekonnt ausbalanciert. Mit seiner Kraft können wir aus allem, was uns geschieht, die richtige Lehre ziehen, da wir alle emotionalen Ereignisse ausgleichen können. Mit der Flamingokraft sind wir in der Lage, unser Leben immer so zu gestalten, wie wir es brauchen, um glücklich zu sein. Denn als Wasser- und Luftwesen vereint der Flamingo Verstand mit Gefühl und ist somit stabil und harmonisch in allem, was er tut.

Die Botschaft des Flamingos ist:	Bleibe im Gleichgewicht durch Geradlinigkeit!
Symbol des Flamingos:	Spiegel
Element des Flamingos:	Wasser und Luft
Edelstein des Flamingos:	Amethyst
Tageszeit des Flamingos:	Nachmittag
Jahreszeit des Flamingos:	Sommer
Farbe des Flamingos:	Rosarot
Als Amulett schützt der Flamingo vor:	Abrutschen in Extreme und Nichtbeachtung
Als Talisman bringt der Flamingo:	Selbsterkenntnis und Balance

Die Fledermaus

Die lautlosen Geister der Nacht waren schon immer Symbole des Todes und der Wiederauferstehung. Gleichzeitig waren sie in vielen Kulturen Glücksbringer und sogar Schutzgott. Ihre Klugheit und ihr soziales Miteinander sind ebenso erkannt worden, wie die Nähe zu rastlosen Seelen und Dämonen. Die Sage von den Blut saugenden Vampiren drängte diese Tiere in eine düstere, unheimliche Richtung. Da sie Licht scheuen, wie es von einigen bösen Wesenheiten ebenso gesagt wird, wurden sie oft mit den dunklen Mächten in Verbindung gebracht.

In der Tat hat die Fledermauskraft etwas Unheimliches an sich. Denn sie versteht den Tod und lebt, integriert und akzeptiert ihn. Die Menschen wollen oft nicht wahrhaben, dass der Tod zum Leben gehört, und deshalb schreckt sie alles ab, was sie daran erinnert. Wenn die Fledermauskraft mit uns ist, dann haben wir keine Angst mehr vor dem Tod. Und Tod bedeutet hier nicht nur das Sterben eines Lebewesens. Es bedeutet vielmehr auch, dass wir keine Angst davor haben, alte Muster, schlechte Beziehungen oder unfruchtbare Angewohnheiten sterben zu lassen. Loslassen und sich Neuem zuwenden lehrt uns die Fledermaus.

Die Botschaft der Fledermaus ist:	Sieh‘ den Tod als Teil des Lebens!
Symbol der Fledermaus:	Höhle
Element der Fledermaus:	Luft
Edelstein der Fledermaus:	Hämatit
Tageszeit der Fledermaus:	Nacht
Jahreszeit der Fledermaus:	Herbst
Farbe der Fledermaus:	Schwarz
Als Amulett schützt die Fledermaus vor:	Stagnation und Angst vor dem Tod
Als Talisman bringt die Fledermaus:	Loslösung und Erneuerung

Der Frosch

Reinigung ist hier das Stichwort. Das Element des Frosches ist natürlich das Wasser in all seinen Formen. Es ist allgemein bekannt, dass Frösche das Wetter vorhersagen können. Der Wetterfrosch ist sprichwörtlich. Auch wird behauptet, er könne den Regen rufen. So gibt es in Afrika kunstvoll geschnitzte Frösche aus Holz, auf deren Rücken sich Zacken befinden. Fährt man mit einem Stöckchen darüber, dann ertönen Frosch ähnliche Laute, die angeblich Regen herbei rufen können.

Und so wie der Regen das Land reinigt, so reinigt uns auch die Energie des Frosches. Wenn die Froschkraft mit uns ist, bekommen wir Vitalität und Sprungkraft im wahrsten Sinne des Wortes. Ebenso wie der Frosch, der „große Sprünge macht“, werden wir schneller vorankommen und uns immerzu weiter entwickeln. Die Entwicklung des Frosches vom Ei über die im Wasser lebende Kaulquappe bis hin zum Vierbeiner steht für die Übergänge von einer spirituellen Ebene zur nächsten. Und dies ist nur möglich, weil sich der Frosch stets läutern lässt durch das reine Element Wasser.

Die Botschaft des Frosches ist:	Kläre und reinige dich, um weiter zu kommen!
Symbol des Frosches:	Teich, Schilf, Brunnen
Element des Frosches:	Wasser und Erde
Edelstein des Frosches:	Apophyllit
Tageszeit des Frosches:	Nachmittag und Abend
Jahreszeit des Frosches:	Frühling und Herbst
Farbe des Frosches:	Grün
Als Amulett schützt der Frosch vor:	Trägheit und Krankheiten
Als Talisman bringt der Frosch:	Klarheit und Weiterentwicklung

Der Fuchs

Reinicke Fuchs ist das Symbol für Schlauheit und Hinterlist schlechthin. Ob im Märchen, in der Sage oder in der Volkstradition, immer wird er dargestellt als listenreicher Verführer und Betrüger. Im alten Rom als Feuerdämon verschrien und in Asien als Männer verführende und Kraft raubende Füchsin in Gestalt einer Frau entlarvt war der Fuchs schon lange ein negativ belastetes Symboltier. Seine rote Fellfarbe machte ihn (genauso wie das Eichhörnchen) zum Gefolgsmann des Teufels. Geht man jedoch tiefer hinein in die Geschichte, entdeckt man noch eine ganz andere Bedeutung des schlauen Jägers. So wird er als stiller Beobachter und aufmerksamer Meister der Tarnung beschrieben. Seine Sorge um seine Familie ist ebenfalls bekannt. Dies wirft ein ganz anderes Licht auf ihn und zeigt, dass unter der Oberfläche meist eine tiefere Wahrheit verborgen liegt.

Die Fuchskraft steht also weniger für Hinterlist als vielmehr für gute Beobachtungsgabe und Aufmerksamkeit. Klugheit und Bedachtheit lehrt uns der Fuchs als Krafttier. Wir sollen lernen, mit unserer Umgebung in Einklang zu leben und uns diplomatisch schwierigen Situationen zu nähern.

Die Botschaft des Fuchses ist:	Sei aufmerksam und beobachte, bevor du handelst!
Symbol des Fuchses:	Fuchsschwanz, Feuer
Element des Fuchses:	Feuer und Erde
Edelstein des Fuchses:	Rubin
Tageszeit des Fuchses:	Abend
Jahreszeit des Fuchses:	Herbst
Farbe des Fuchses:	Rot, Weiß
Als Amulett schützt der Fuchs vor:	Unaufmerksamkeit und Disharmonie
Als Talisman bringt der Fuchs:	Klugheit und Einklang

Der Gepard

Das schnellste Tier der Erde steht natürlich für Schnelligkeit und Beweglichkeit. Sein Selbstvertrauen ist grenzenlos und er kann auch wirklich beruhigt auf seine Instinkte vertrauen, die ihn nie im Stich lassen. Seine scharfen Augen und die Fähigkeit, aus dem Stand heraus in kürzester Zeit Spitzengeschwindigkeiten zu erreichen, machen ihn zu einem perfekt funktionierenden Jäger. Er kann sich während der Hetzjagd vollkommen auf seine Beute konzentrieren. Er wird sie niemals aus den Augen lassen, sich niemals in die Irre führen oder abhängen lassen.

Und genau dies lehrt er als Krafttier. Wir erhalten von ihm die Fähigkeit, uns auf unsere Ziele zu konzentrieren und sie unablässig zu verfolgen. Er steigert unser Selbstvertrauen und zeigt uns, dass wir durch scharfen Verstand und hellwache Sinne alles erreichen können. Als Luft- und Feuerwesen birgt er in sich große Energie und nie versiegende Kraft sowie Intelligenz und klaren Verstand.

Die Botschaft des Gepards ist:	Erreiche durch Schnelligkeit und Konzentration dein Ziel!
Symbol des Geparden:	Kralle
Element des Geparden:	Luft und Feuer
Edelstein des Geparden:	Landschaftsjaspis
Tageszeit des Geparden:	Vormittag und Nachmittag
Jahreszeit des Geparden:	Sommer
Farbe des Geparden:	Gelb, Schwarz
Als Amulett schützt der Gepard vor:	Versagen und Kraftlosigkeit
Als Talisman bringt der Gepard:	Energie und Zielstrebigkeit

Die Giraffe

Durch ihren langen Hals erreicht sie große Höhen. Sie frisst an den Bäumen die Blätter hoch oben und überblickt ein weites Gebiet. Als höchstes Tier der Welt ist sie mit einer enormen Weitsicht ausgestattet. Was am Boden geschieht, entzieht sich ihrem Interesse und nur zum Stillen ihres Durstes muss sie sich hinab begeben. Mit den Füßen auf fester Erde und mit dem Kopf in den Wolken ist sie Luft-, sowie auch Erdentier. Das gibt ihr geerdete Intelligenz, die ihr Ruhe und Gelassenheit beschert.

Während die anderen die untersten Blätter der Bäume und Sträucher abfressen, kommt sie an Dinge heran, die für die Anderen unerreichbar sind. So gibt uns die Giraffenkraft die nötige Weitsicht, um ebenfalls das zu bekommen, was andere nicht bekommen, weil sie einen zu kleinen Horizont haben.

Die Botschaft der Giraffe ist:	Übe Weitsicht und Gelassenheit!
Symbol der Giraffe:	Bäume, Wolken
Element der Giraffe:	Luft und Erde
Edelstein der Giraffe:	Gelber Jaspis
Tageszeit der Giraffe:	Vormittag
Jahreszeit der Giraffe:	Sommer
Farbe der Giraffe:	Gelb
Als Amulett schützt die Giraffe vor:	Begrenzter Horizont und Hektik
Als Talisman bringt die Giraffe:	Innere Ruhe und Weitsicht

Der Hase (gilt auch für Kaninchen)

Als Läufer und Gräber hat auch der Hase die Kraft in den Beinen. Ihm bleibt nicht viel Zeit, über seine Entscheidungen nachzudenken, er handelt einfach. Somit ist Entschlusskraft das erste Geschenk, das wir von der Hasenkraft erhalten. Aber der Hase ist auch ein Lehrer für eine uralte Weisheit. Alles, wovor wir uns fürchten, wird eintreffen. All das, was wir fürchten, ziehen wir an, und dies ist das Verhängnis für den Hasen. Umgeben von Hundertschaften von Feinden lebt es in ständiger Furcht. Wie schon Mahatma Gandhi wusste, müssen wir die Ursachen für das, was uns geschieht, in uns selbst suchen. So kann uns die Hasenkraft lehren, dass wir uns selbst verändern müssen, um die Welt zu verändern.

Mit der irdenen Hasenkraft haben wir genügend Fähigkeiten, um den Hindernissen des Lebens zu begegnen und die richtigen Entscheidungen zur rechten Zeit zu treffen.

Die Botschaft des Hasen ist:	Suche nicht außen, was in dir drinnen ist!
Symbol des Hasen:	Löwenzahn, Möhre
Element des Hasen:	Erde
Edelstein des Hasen:	Zoisit
Tageszeit des Hasen:	Jederzeit
Jahreszeit des Hasen:	Frühling und Sommer
Farbe des Hasen:	Braun
Als Amulett schützt der Hase vor:	Selbstbetrug und Trägheit
Als Talisman bringt der Hase:	Beweglichkeit und Einsicht

Der Hirsch

Die innere Ruhe des Hirsches ist seine Kraft. Erhaben steht er da, mit stolz erhobenem Geweih. Sein Röhren erschallt laut und er hält seine Herde zusammen. Er ist der Anführer und Beschützer, der Erzeuger und Hüter.

Wenn die Hirschkraft mit uns ist, stehen wir fest auf dem Boden und uns bringt nichts so leicht ins Schwanken. Wir sind aufmerksam und bereit, für uns und Andere die richtigen Entscheidungen zu treffen. Verantwortung und Pflichtgefühl sind hier die Schlüsselwörter. Kontrolle ist uns wichtig und wir erhalten sie durch die innere Ruhe der Hirschkraft.

Die Botschaft des Hirsches ist:	Erfülle verantwortungsvoll deine Pflicht durch innere Ruhe!
Symbol des Hirschen:	Bäume, Geweih
Element des Hirschen:	Erde
Edelstein des Hirschen:	Chrysopras
Tageszeit des Hirschen:	Mittag
Jahreszeit des Hirschen:	Frühling und Herbst
Farbe des Hirschen:	Braun
Als Amulett schützt der Hirsch vor:	Mangel an Pflichtbewusstsein und Unausgeglichenheit
Als Talisman bringt der Hirsch:	Halt und Kontrolle

Der Igel

Dieses Tier ist durch und durch Selbstschutz. Sein Körper ist dafür ausgelegt, dass sich ihm niemand nähern kann, der sich nicht nähern soll. Stellt er die Stacheln auf und rollt sich ein, dann ist er eine undurchdringliche Kugel, an der sich das stärkste Raubtier das Maul blutig beißt. Und somit steht der Igel für Wehrhaftigkeit durch Passivität. Auch ein Mensch kann sich gegen Übergriffe wehren, in dem er in die Defensive geht, ohne selbst aktiv zu werden.

Der Igel rennt nicht fort und kämpft nicht, er wartet nur ab, bis der Angreifer die Lust daran verliert, sich an ihm „die Zähne auszubeißen". Auf diese Weise schont er seine Kräfte und geht trotzdem als Sieger hervor, ähnlich wie in der bekannten Geschichte von dem Hasen und dem Igel. In dieser Geschichte gewinnt der Igel auch nicht durch Schnelligkeit, sondern durch Intelligenz. Er geht alles ruhig an und lässt sich zu nichts drängen oder hetzen.

Wenn die Igelkraft mit uns ist, erhalten auch wir die Ruhe, die wir brauchen, um in schwierigen Situationen nicht haltlos davon zu rennen oder uns in irgendwelche Dinge verwickeln zu lassen. Dann können auch wir abwarten und unsere Kräfte schonen, während die anderen sich abmühen, ohne dass es zu etwas führt.

Die Botschaft des Igels ist:	Weglaufen, sich stellen oder angreifen sind nicht die einzigen Alternativen.
Symbol des Igels:	Blatt, Stachel
Element des Igels:	Erde
Edelstein des Igels:	Sardonyx
Tageszeit des Igels:	Abend
Jahreszeit des Igels:	Herbst
Farbe des Igels:	Braun
Als Amulett schützt der Igel vor:	Überanstrengung und fehlendes Vertrauen
Als Talisman bringt der Igel:	Geduld und Gelassenheit

Der Jaguar

Im undurchdringlichen Dickicht schleicht er, gut getarnt, seiner Wege. Er sieht kräftig und gefährlich aus. Seine Bewegungen sind nicht hektisch, sondern vielmehr bedächtig und selbstsicher. Der Jaguar kann sich in seiner Welt so sicher und selbstbewusst bewegen, da er die Macht hat, die Ordnung der Dinge zu verstehen. Seine Sicht der Dinge ist mystisch und er passt sich an jedes Hindernis und jede Widrigkeit an. So scheint es, als könne er seine Gestalt verändern, was ihm manche Kulturen auch tatsächlich nachsagen.

Als Krafttier schenkt er demnach übersinnliche Fähigkeiten. Er bringt die Gabe mit sich, das Chaos zu verstehen und sich darin zurechtzufinden. Fast ist es, als bringe er seinem Träger neue Augen. Es ist eine große Macht, die sich aus sich selbst heraus zu kräftigen und sogar zu heilen vermag. Die Jaguarkraft leckt alte Wunden und heilt die Narben des Lebenskampfes.

Die Botschaft des Jaguars ist:	Sieh‘ die Welt mit neuen Augen!
Symbol des Jaguars:	Augen
Element des Jaguars:	Erde
Edelstein des Jaguars:	Rhodonit
Tageszeit des Jaguars:	Nachmittag
Jahreszeit des Jaguars:	Herbst
Farbe des Jaguars:	Braun, Gelb, Schwarz
Als Amulett schützt der Jaguar vor:	Starrköpfigkeit und Krankheiten aller Art
Als Talisman bringt der Jaguar:	Körperliche Kraft und Anpassungsfähigkeit

Der Kakadu

Der Kakadu steht symbolisch für Schönheit und den Sonnenaufgang. Beides sind Mächte der Selbstheilung und des Selbstverständnisses. Denn ein Lebewesen, das in sich selbst ruht, wird immer schön sein. Damit ist aber keinesfalls das Erreichen eines gängiges Schönheitsideals gemeint! Es geht hier viel mehr um die Schönheit, die ein Wesen ausstrahlt, das ganz in Harmonie mit sich und der Umwelt lebt. Diese ganz besondere und einzig wahre Art der Schönheit ist nicht abhängig von äußeren Merkmalen, denn sie entsteht und lebt im Inneren eines Wesens.

Und genau wie der Sonnenaufgang hat die Kakadukraft erkannt, dass sich alles wiederholt und sich nicht vor dem Kreislauf des Lebens drücken kann. Dies ist die erste Lektion auf dem Weg zur inneren Schönheit und Ganzheit, die immer zusammen einher gehen.

Ist die Kraft des Kakadus an unserer Seite, werden wir uns selbst anders sehen. Und wer sich selbst anders sieht, verändert damit seine Welt.

Die Botschaft des Kakadus ist:	Werde ganz und finde innere Harmonie durch Selbstheilung!
Symbol des Kakadus:	Früchte, Grünpflanzen
Element des Kakadus:	Luft
Edelstein des Kakadus:	Herkimer-Diamant
Tageszeit des Kakadu:	Morgen
Jahreszeit des Kakadus:	Frühling
Farbe des Kakadus:	Weiß
Als Amulett schützt der Kakadu vor:	Zweifel und fehlendes Selbstvertrauen
Als Talisman bringt der Kakadu:	Selbstvertrauen und Heilung

Das Känguruh

Känguruhs haben im Glauben der Ureinwohner Australiens eine feste, ehrenvolle Stellung. Als Wesen, die sich schnell und kraftvoll fortbewegen können und ein ausgeprägtes Sozialverhalten haben, ist dies nicht ohne Grund so. Die Hauptkraft steckt in den muskulösen Beinen der Känguruhs, mit denen sie äußerst weite Sprünge von mehreren Metern schaffen. Ihre Macht ist die der Erde und des Feuers. Wenn wir ein Känguruhkrafttier besitzen, können wir uns Ruhe und Gelassenheit sicher sein. Klugheit und körperliche Kraft zu vereinen wird möglich mit der Känguruhkraft, die besonders auf Reisen ein treuer Begleiter ist. Im übertragenen Sinne hilft sie uns, ebenfalls große Sprünge zu machen. Entwicklungen werden beschleunigt, innere wie äußere. Es wird niemals Hektik aufkommen, denn die Känguruh kraft bringt uns Selbstvertrauen und das Wissen, dass alles weitergeht und wir der Herr über unser eigenes Leben sind.

Die Botschaft des Känguruhs ist:	Durch Gelassenheit und Kraft ans Ziel!
Symbol des Känguruhs:	Sonne
Element des Känguruhs:	Erde und Feuer
Edelstein des Känguruhs:	Carneol
Tageszeit des Känguruhs:	Nachmittag
Jahreszeit des Känguruhs:	Frühling
Farbe des Känguruhs:	Rot, Gelb, Beige
Als Amulett schützt das Känguruh vor:	Schwäche und fehlender Antrieb
Als Talisman bringt das Känguruh:	Kraft und innere Ruhe

Das Kaninchen (gilt auch für den Hasen)

Als Läufer und Gräber hat auch das Kaninchen die Kraft in den Beinen. Ihm bleibt nicht viel Zeit, über seine Entscheidungen nachzudenken, es handelt einfach. Somit ist Entschlusskraft das erste Geschenk, das wir von der Kaninchenkraft erhalten. Aber das Kaninchen ist auch ein Lehrer für eine uralte Weisheit. Alles, wovor wir uns fürchten, wird eintreffen. All das, was wir fürchten, ziehen wir an, und dies ist das Verhängnis des Kaninchens. Umgeben von Hundertschaften von Feinden lebt es in ständiger Furcht. Wie schon Mahatma Gandhi wusste, müssen wir die Ursachen für das, was uns geschieht, in uns selbst suchen. So kann uns die Kaninchenkraft lehren, dass wir uns selbst verändern müssen, um die Welt zu verändern.

Mit der irdenen Kaninchenkraft haben wir genügend Fähigkeiten, um den Hindernissen des Lebens zu begegnen und die richtigen Entscheidungen zur rechten Zeit zu treffen.

Die Botschaft des Kaninchens ist:	Suche nicht außen, was in dir drinnen ist!
Symbol des Kaninchens:	Löwenzahn, Möhre
Element des Kaninchens:	Erde
Edelstein des Kaninchens:	Zoisit
Tageszeit des Kaninchens:	Jederzeit
Jahreszeit des Kaninchens:	Frühling und Sommer
Farbe des Kaninchens:	Braun
Als Amulett schützt das Kaninchen vor:	Selbstbetrug und Trägheit
Als Talisman bringt das Kaninchen:	Beweglichkeit und Einsicht

Die Katze

Stolz und fast grenzenloses Selbstvertrauen sind Attribute der Katze. Sie ist Herrin der Nacht und Gebieterin der Sinne überhaupt. Scharfe Augen, scharfes Gehör und ein untrüglicher Geruchssinn machen sie zu einem Instrument feinster Wahrnehmung. Nichts entgeht der Katze. Sie sieht und hört alles.

Die Katzenkraft verleiht uns die Macht, nichts zu übersehen. Mit ihr können wir uns auf unsere Sinne vollkommen verlassen. Balance und auch Sinnlichkeit sind Geschenke der Katzenkraft an ihre Besitzer. Eine Katze weiß immer genau, was sie will und was nicht. Und sie hat die Mittel, genau das durchzusetzen. Ihren Krallen und ihre Zähne sind geeignete Waffen, um sich zu wehren, während ihr schlanker, geschmeidiger Körper auch zur Flucht geeignet ist. Sie tut, was sie für richtig hält, und ist niemals untertänig.

Die Botschaft der Katze ist:	Vertraue auf deine Sinne und handle entschlossen!
Symbol der Katze:	Mond
Element der Katze:	Erde
Edelstein der Katze:	Mondstein
Tageszeit der Katze:	Nachmittag, Abend und Nacht
Jahreszeit der Katze:	Frühling und Sommer
Farbe der Katze:	Schwarz, Weiß
Als Amulett schützt die Katze vor:	Fehlendes Durchsetzungsvermögen und Augenleiden
Als Talisman bringt die Katze:	Wehrhaftigkeit und Sinnlichkeit

Das Krokodil

Seine körperliche Kraft ist enorm und seine Elemente sind das intuitive Wasser und die unerschütterliche Erde. Als gefürchtetes Raubtier und erbarmungsloser Jäger wird es geachtet und gemieden. Lautlos kann das Krokodil im Wasser verharren und auf Beute warten. Dabei sieht es beim ersten Blick aus wie ein im Wasser treibender Baumstamm. Seine Geduld ist grenzenlos und die Krokodilkraft verleiht einen kühlen Kopf.

Das Krokodil als Krafttier befähigt uns, abzuwarten und im richtigen Moment zuzuschlagen. Durch die Fähigkeit, den rechten Augenblick abwarten zu können, handelt das Krokodil niemals überstürzt. Es ist ebenfalls Inbegriff für die sprichwörtlich kalt zu genießende Rache.

Mit der Krokodilkraft können wir abwarten. Wir bekommen eine der höchsten Tugenden: Geduld. Flüchtigkeitsfehler und vorschnelles Handeln haben keine Chance. Das Krokodil ist das richtige Krafttier für Geschäftsleute.

Die Botschaft des Krokodils ist:	Sei geduldig!
Symbol des Krokodils:	Zahn
Element des Krokodils:	Wasser und Erde
Edelstein des Krokodils:	Türkis
Tageszeit des Krokodils:	Vormittag und Nachmittag
Jahreszeit des Krokodils:	Sommer
Farben des Krokodils:	Grün
Als Amulett schützt das Krokodil vor:	Ungeduld und Pechsträhnen
Als Talisman bringt das Krokodil:	Glück und Erfolg

Der Kuckuck

„Der Vogel, der seinen eigenen Namen ruft“ (griechisch kukkos), hat als Symbol des Frühlings eine junge, in die Zukunft blickende Kraft. Wer den Kuckuck hört, erfährt an der Anzahl der wiederholten Rufe die Lebensjahre, die ihm noch verbleiben – so heißt es im Volksglauben. Im Spirituellen Sinne ist der Kuckuck auch wirklich verknüpft mit Vorhersehung und dem magischen Blick in die Zukunft. Seine Macht ist die des Kommenden, und somit verleiht er Voraussicht und Intuition. Kommen sehen, was kommt, ist sein Geschenk an seinen Träger. Wer der Kuckuckskraft mächtig ist, wird niemals von Problemen und Schwierigkeiten überrumpelt werden.

Der Kuckuck als Krafttier bringt uns jedoch auch die Lehre, dass man die Pflichten des Lebens nicht immer nur alleine tragen muss. So, wie er sein Ei in das Nest eines anderen Vogels legt, sollten auch wir manchmal Verantwortung abgeben und nicht stets versuchen, alle Bürden auf uns zu nehmen.

Die Botschaft des Kuckucks ist:	Richte deinen Blick in die Zukunft!
Symbol des Kuckucks:	Ei, Feder
Element des Kuckucks:	Luft
Edelstein des Kuckucks:	Magnetit
Tageszeit des Kuckucks:	Vormittag
Jahreszeit des Kuckucks:	Herbst
Farbe des Kuckucks:	Braun
Als Amulett schützt der Kuckuck vor:	Böse Überraschungen und die Unfähigkeit, Verantwortung abzugeben
Als Talisman bringt der Kuckuck:	Voraussicht und Gelassenheit

Die Kuh

Die Kuh ist Inbegriff der nährenden, heilenden Mutterkraft. Sie steht wegen ihrer gutmütigen, passiven Natur für die Muttererde und deren fruchtbare, Leben bringende Macht. Sie ist empfangend und gebend zugleich und somit ein Symbol des Lebens ans sich. Ihre wichtige Rolle als Nutztier des Menschen machte sie in fast allen Kulturen zu einem mit Wohlwollen betrachteten Tier, das gut behandelt und mancherorts sogar verehrt wurde.

Die Kuhkraft schenkt Heilung, Verständnis und Güte. Sie macht ihren Träger zu einem gebenden und nährenden Menschen. Sie nimmt somit Egoismus und Habsucht und ersetzt diese durch heilende, gebende Kräfte. Die Kuh ist ein Krafttier besonders für Frauen, die ihre Weiblichkeit neu entdecken wollen, und für Männer, die in ihrer gesellschaftlich eingefahrenen Rolle feststecken. Sie erlöst von dem unsinnigen Wunsch, immer alles sofort erreichen und bekommen zu wollen.

Die Botschaft der Kuh ist:	Gib‘ anstatt zu nehmen!
Symbol der Kuh:	Weide, Glocke
Element der Kuh:	Erde
Edelstein der Kuh:	Rosenquarz
Tageszeit der Kuh:	Nachmittag
Jahreszeit der Kuh:	Frühling
Farbe der Kuh:	Weiß, Schwarz, Braun
Als Amulett schützt die Kuh vor:	Egoismus und Habsucht
Als Talisman bringt die Kuh:	Großzügigkeit und Liebe

Das Lamm

Das Lamm symbolisiert Unschuld und Reinheit. Als Opfertier besonders oft verwendet, gilt es als heilig und besonders wertvoll. Ebenso bringt es als Osterlamm mit der Siegesfahne den Sieg über den Tod und steht somit für die Auferstehung. Sogar Jesus Christus wurde oftmals als Lamm dargestellt, was seine Rolle als reines, argloses Wesen darstellen sollte, das gleichermaßen wie die Opferlämmer zur Schlachtbank geführt wurde.

Das Lamm ist also Träger von Bürde und Last, die eigentlich zu groß für es ist. Seine Art ist demütig. Als Krafttier bringt es die Kraft der Unschuld mit sich. Dies bedeutet, dass wir, wenn die Lammkraft mit uns ist, alles ertragen können, da wir frei von Schuld sind. Unsere mentale Kraft wird gestärkt, so dass uns niemand schaden kann. Und sollte eine Situation noch so schwierig, ein Hindernis noch so unüberwindbar scheinen, wir werden siegen.

Die Botschaft des Lamms ist:	Innere Kraft ist stärker als äußere.
Symbol des Lamms:	Schneeglöckchen
Element des Lamms:	Äther
Edelstein des Lamms:	Magnesit
Tageszeit des Lamms:	Morgen
Jahreszeit des Lamms:	Frühling
Farben des Lamms:	Weiß
Als Amulett schützt das Lamm vor:	Selbstaufgabe und Selbstzweifel
Als Talisman bringt das Lamm:	Mentale Stärke und Durchhaltevermögen

Die Libelle

Die Libelle ist Herrin über Illusion und Täuschung. Sie fliegt zwischen den Welten hin und her und überbringt Botschaften der Pflanzengeister und Naturwesenheiten. Ihre schillernden, hauchdünnen Flügel sind Symbole für Traum und Vision. Wenn man sie einmal beobachtet und dabei sein inneres Selbst denken lässt statt den Verstand, wird man einen Zauber entdecken, der sich jedem enthüllt, der ihn sehen will.

Als Krafttier steht die Libelle für die Fähigkeit, Illusionen zu durchschauen, doch auch dafür, Illusionen zu erschaffen. Es ist eine künstlerische, kreative Kraft, magisch und unwirklich. Sie verhilft Künstlern zu neuen Ideen und löst die Menschen aus ihrem grauen Alltag, um sie ins Reich der Träume zu entführen. Ihre Macht ist ebenso die der Märchen und Erzählungen. Wann immer ein Mensch ein Märchen erzählt oder eine Geschichte erfindet, ist die Libellenkraft beteiligt.

Die Botschaft der Libelle ist:	Sei Schöpfer und Schöpfung zugleich!
Symbol der Libelle:	See, Binsen
Element der Libelle:	Luft
Edelstein der Libelle:	Opal
Tageszeit der Libelle:	Mittag
Jahreszeit der Libelle:	Sommer
Farbe der Libelle:	Alle Farben
Als Amulett schützt die Libelle vor:	Traurigkeit und Hoffnungslosigkeit
Als Talisman bringt die Libelle:	Kreativität und Lebensfreude

Der Löwe

Als König der Tiere bekannt, ist er Symbol für Stärke, Macht und Mut. Seine Kraft ist männlich und voller Selbstvertrauen. Er genügt sich selbst, und dies macht ihn unabhängig von anderen. Sein majestätisches Auftreten signalisiert jedem, dass er nicht klein beigeben wird. Für seinen Stolz und seine Ehre wird er kämpfen.

In den Büchern von Clive Staples Lewis ist ein Löwe der König von Narnia, einer märchenhaften Welt, die durch den Gesang des Löwen selbst erschaffen wurde. „Wer nicht zuweilen in Narnia gelebt hat, kann sich nicht vorstellen, dass etwas gut und zugleich Furcht erregend sein kann", heißt es in den Geschichten.

Die Löwenkraft ist sehr groß und mächtig. Nicht jeder ist dieser Kraft gewachsen. Wenn sie mit uns ist, dann werden wir stolz und ehrenvoll handeln, was immer wir auch tun. Ein Großteil des Löwenkraft strahlt nach außen, und dies äußerst sich in leidenschaftlichem Auftreten und Schönheit. Meistens verleiht die Kraft des Löwen seinem Träger einen gesunden, ästhetischen Körper und einen wachen, ruhigen Verstand.

Die Botschaft des Löwen ist:	Setze deine Macht weise ein!
Symbol des Löwen:	Sonne
Element des Löwen:	Feuer und Erde
Edelstein des Löwen:	Rubin
Tageszeit des Löwen:	Nachmittag
Jahreszeit des Löwen:	Sommer
Farbe des Löwen:	Goldgelb
Als Amulett schützt der Löwe vor:	Angst, Krankheit und Hilflosigkeit
Als Talisman bringt der Löwe:	Mut, Stolz und Selbstvertrauen

Der Luchs

Der Luchs ist Träger alter Geheimnisse. Er gilt als schweigender Hüter des Wissens. Seine Fähigkeit ist die, anderen Menschen in die Seele zu blicken und deren wahren Charakter zu erkennen. Die Luchskraft bringt uns diese Fähigkeit und wir können nicht nur andere, sondern auch uns selbst erkennen. Kein Selbstbetrug ist möglich, wenn die Luchskraft mit uns ist. Sie ist die Kraft der allwissenden Erde und bringt als treuer Begleiter die Macht mit sich, Lügen zu durchschauen und Entscheidungen mit Bedacht zu fällen.

Wer die Luchskraft in sich trägt, wird die Wahrheit hinter dem Schein erkennen.

Die Botschaft des Luchses ist:	Erkenne dich und somit auch die Anderen!
Symbol des Luchses:	Holz
Element des Luchses:	Erde
Edelstein des Luchses:	Gelber Saphir
Tageszeit des Luchses:	Vormittag
Jahreszeit des Luchses:	Winter
Farbe des Luchses:	Ocker, Braun
Als Amulett schützt der Luchs vor:	Lügen, Selbstbetrug und Lernschwäche
Als Talisman bringt der Luchs:	Selbsterkenntnis und Wahrheit

Die Maus

Die Welt der Maus ist riesig groß. Sie lebt in einer Umgebung, in der alles riesig und bedrohlich ist. Ihre geringe Körpergröße ist Gefahr und Schutz zugleich. Sobald ein Feind naht, kann sie sich in den kleinsten Winkel oder das winzigste Loch verkriechen. Ihre feine Nase und die ausgezeichneten Ohren sind ihre Waffen gegen eine feindliche Welt. Sie ist Überlebenskünstler und hart im Nehmen.

Die Mäusekraft ist nicht klein, nur weil die Maus klein ist. Sie bringt ihrem Besitzer die Fähigkeiten ihres tierischen Vorbildes. Zu diesen zählen Genügsamkeit, Durchhaltevermögen und Erfindergeist. Diese Kraft bringt uns die Macht, die Dinge bis ins kleinste Detail wahrzunehmen und zu entschlüsseln. Selbst in die hermetisch verschlossenen Pyramiden konnten Mäuse eindringen. So kann auch die Mäusekraft bis ins tiefste Innere vordringen.

Die Botschaft der Maus ist:	Kraft kommt aus dem Innern.
Symbol der Maus:	Ähre, Halm, Samenkorn
Element der Maus:	Erde
Edelstein der Maus:	Gelber Jaspis
Tageszeit der Maus:	Morgen und Abend
Jahreszeit der Maus:	Herbst
Farbe der Maus:	Braun, Hellbraun, Dunkelbraun
Als Amulett schützt die Maus vor:	Gier, Sehnsucht und Selbstaufgabe
Als Talisman bringt die Maus:	Durchhaltevermögen und Kreativität

Das Meerschweinchen

Meerschweinchen sind sehr liebevolle und friedliche Tiere. Sie kamen von Amerika nach Europa und sind als Haustiere besonders bei Kindern beliebt. Und wenn man dies aus Sicht des Glaubens an Krafttiere betrachtet, dann hat es eine ganz natürliche Grundlage. Die Meerschweinchenkraft nämlich lehrt den menschlichen und sanften Umgang mit anderen Lebewesen. Und das sollte ein wichtiger Teil in der Erziehung von Kindern sein.

Die Meerschweinchenkraft bringt Liebe und Verständnis. Ebenso ist Toleranz ein Geschenk dieses Krafttieres. Wem die Meerschweinchenkraft in Form eines Krafttieres zur Seite steht, wird Verantwortung tragen können und seine Mitmenschen mit mehr Einfühlungsvermögen und Höflichkeit behandeln.

Die Botschaft des Meerschweinchens ist:	Sei tolerant und voller Liebe!
Symbol des Meerschweinchens:	Stroh
Element des Meerschweinchens:	Erde
Edelstein des Meerschweinchens:	Rosenquarz
Tageszeit des Meerschweinchens:	Nachmittag
Jahreszeit des Meerschweinchens:	Sommer
Farbe des Meerschweinchens:	Braun, Dunkelbraun
Als Amulett schützt das Meerschweinchen vor:	Boshaftigkeit und Streit
Als Talisman bringt das Meerschweinchen:	Harmonie und Liebe

Der schwarze Panther

Das geheimnisvollste Tier unter den Großkatzen ist Herr über die Dunkelheit. Seine tief schwarze Fellfarbe und die Fähigkeit, lautlos durch das Unterholz zu schleichen, machen ihn zum Sinnbild der dunklen Mächte. Doch diese dunklen Mächte sind nicht zwangsläufig böse Mächte, so wie es gerne mit allem, was dunkel und geheimnisvoll ist, assoziiert wird. Vielmehr sind es die Mächte des Verständnisses und der Akzeptanz des Todes. Wer den Tod als Teil des Lebens hinnimmt, braucht keine Angst mehr vor ihm zu haben. Diese Lehre erteilt uns die Pantherkraft, die tief aus unserem Innern wirkt. Sie befähigt uns, alles, was geschieht, als Teil des Ganzen zu sehen. Wir können somit verstehen, dass alles richtig ist, was uns geschieht, dass alles seinen Sinn hat. Die Pantherkraft ist tief verwurzelt im Schicksal, welches jedoch nicht unser Leben steuert, sondern nur die Chancen vorgibt, die sich uns bieten. Mit dem Panther als Krafttier werden wir stärker. Wir können auf unser intuitives Wissen zugreifen und uns selbst genügend Halt geben, um jede Hürde zu meistern.

Die Botschaft des Panthers ist:	Verlasse dich auf deine eigene innere Stärke!
Symbol des Panthers:	Mond
Element des Panthers:	Erde
Edelstein des Panthers:	Onyx
Tageszeit des Panthers:	Abend und Nacht
Jahreszeit des Panthers:	Frühling und Herbst
Farbe des Panthers:	Schwarz
Als Amulett schützt der Panther vor:	Angst, Unsicherheit und Schwäche
Als Talisman bringt der Panther:	Stärke, Gelassenheit und Gleichgewicht

Der Papagei

Der Papagei ist bunt und voller Energie. Diese Energie zeigt sich in seinem farbenfrohen Gefieder und dem fast unerschöpflichen Frohsinn. Er ist ein Vogel mit sehr ausgeprägtem Charakter, den er niemandem unterordnet. Mit seinem Geplapper teilt er sich der Welt mit, ob sie will oder nicht. Einen Papagei kann man zu nichts zwingen, er macht nur etwas, wenn es ihm Spaß bereitet.

Die Papageienkraft ist voller unbändiger Energie. Menschen, die nicht aus sich herausgehen und sich nicht trauen, im Mittelpunkt zu stehen, können von dieser Kraft nur profitieren. Denn sie bringt viel Selbstvertrauen und Aktivität mit sich, die ungezwungen und mit Heiterkeit auf das Gemüt eines Menschen wirkt. Wenn die Papageienkraft mit uns ist, wird uns niemals die kreative und fröhliche Energie ausgehen, die wir brauchen, um unser Leben zu ändern oder zu gestalten.

Die Botschaft des Papageis ist:	Mit Fröhlichkeit und Selbstvertrauen kannst du alles tun, was du dir wünschst.
Symbol des Papageien:	Früchte, Sonne
Element des Papageien:	Luft
Edelstein des Papageien:	Smaragd
Tageszeit des Papageis:	Vormittag, Mittag und Nachmittag
Jahreszeit des Papageis:	Sommer
Farbe des Papageien:	Alle Farben
Als Amulett schützt der Papagei vor:	Missmut, Depressionen und Einsamkeit
Als Talisman bringt der Papagei:	Selbstvertrauen, Heiterkeit und Energie

Der Pfau

Jeder bewundert das schillernde Rad des Pfaues, das als Symbol für die Sonne angesehen wird. Die Schwanzfedern sind einzigartig und von bestechender Schönheit, wofür sie ja auch gedacht sind. Mit seinem geschlagenen Rad balzt der männliche Pfau um die Gunst des Weibchens. Er ist sich seiner Schönheit bewusst und trägt sie zu Schau.

Doch der sprichwörtlich eitle Pfau entspricht nur bedingt der Wahrheit, die hinter dem Sinnbild dieses Tieres steckt. Als Krafttier ist der Pfau nämlich auch der Stellvertreter des mystischen Vogels Phönix, der aus seiner eigenen Asche wieder aufersteht. Und somit steht neben den Attributen Schönheit und Würde auch noch die Unsterblichkeit für seine Macht. Sie bringt dem Menschen, der sie bei sich hat, nicht nur einen Sinn für die Schönheit der Welt, sondern auch ein tieferes Verständnis, das die Wahrheit unter der Oberfläche erkennen lässt. Außerdem gilt er als Schutztier der Augen, die mit ihm als Krafttier vor Krankheiten geschützt sind.

Die Botschaft des Pfaues ist:	Hinter der Schönheit verbirgt sich die Wahrheit der Dinge.
Symbol des Pfaues:	Auge, Krone
Element des Pfaues:	Luft
Edelstein des Pfaues:	Dioptas
Tageszeit des Pfaus:	Mittag
Jahreszeit des Pfaus:	Sommer
Farbe des Pfaues:	Violett, Grün, Blau
Als Amulett schützt der Pfau vor:	Augenleiden und fehlendem Ehrgeiz
Als Talisman bringt der Pfau:	Wahrheit, Verständnis und Talent

Das Pferd

Das Sonnentier Pferd ist schon in den frühesten Kulturen als etwas Besonderes erkannt worden, wie viele prähistorische Höhlenmalereien beweisen. Obwohl das Pferd zu diesem Zeitpunkt noch nicht als Reittier bekannt war, glaubten die Menschen an eine besondere Macht, die ihm innewohnt.

Als Krafttier bringt es Erkenntnis und die Lehre, dass Macht demjenigen beschert wird, der sie weise einzusetzen weiß. Jeder Reiter kann bezeugen, dass das Reiten eines Pferdes Teamwork zwischen Reiter und Pferd ist. Und dies ist die Wahrheit, die das Krafttier Pferd seinem Besitzer vermitteln will. Es ist die Wahrheit, dass man im Leben nichts erzwingen kann, sondern im Einklang mit der Welt leben und handeln muss, um voranzukommen. Es ist vonnöten, dass man in der Lage ist, dem Anderen zu sagen, was man will, und die eigenen Forderungen durchzusetzen. Doch es ist auch wichtig, nur so viel zu verlangen, wie der Andere zu geben im Stande ist.

Die Botschaft des Pferdes ist:	Finde den Mittelweg zwischen Führen und geführt werden!
Symbol des Pferdes:	Sonne
Element des Pferdes:	Erde und Feuer
Edelstein des Pferdes:	Granat
Tageszeit des Pferdes:	Mittag
Jahreszeit des Pferdes:	Sommer
Farben des Pferdes:	Braun, Gelb
Als Amulett schützt das Pferd vor:	Schwäche, Disharmonie und Ziellosigkeit
Als Talisman bringt das Pferd:	Kraft, Agilität und Durchhaltevermögen

Der Puma

Der mächtige Berglöwe ist das reinste Symbol für Macht. Er birgt in sich die Fähigkeit, andere zu führen und seinen Willen durchzusetzen. Seine kraftvollen Bewegungen und die Harmonie zwischen Körper und Seele sind das Resultat der klug und gerecht angewandten Macht und seines daraus erwachsenen Selbstbewusstseins.

Als Krafttier beschert uns der Puma eine Stärke, die uns stützt und uns Antrieb gibt. Besonders für sehr ängstliche Menschen oder für jene, die nicht an sich selbst glauben, ist der Puma als Krafttier das beste Heilmittel. Er lehrt sie, wie sie sich durchsetzen, ohne Andere zu verletzen oder zu verschrecken. Er lehrt, dass man nicht unehrlich oder hartherzig sein muss, um seinen Willen durchzusetzen. Mit sich bringt er Entscheidungsfähigkeit, Voraussicht und Selbstverantwortung. Immer wird der Puma seinem Weg und seiner Überzeugung treu bleiben. Er kann Verantwortung tragen und aus seiner eigenen Kraft heraus leben. Dies ist es, was die Pumakraft uns schenkt.

Die Botschaft des Pumas ist:	Spüre deine innere Macht und setze sie weise ein!
Symbol des Pumas:	Sonne
Element des Pumas:	Feuer und Erde
Edelstein des Pumas:	Rubin
Tageszeit des Pumas:	Abend
Jahreszeit des Pumas:	Sommer und Winter
Farbe des Pumas:	Ocker, Gold
Als Amulett schützt der Puma vor:	Furcht und fehlendes Selbstbewusstsein
Als Talisman bringt der Puma:	Innere Stärke, Mut und Entschlossenheit

Der Rabe

Als Bote der Magie und Überbringer heilender Energien ist er der mystische Helfer aller Heiler und Heilerinnen. Es heißt, dass immer ein Rabe anwesend ist, wenn ein Ritual zelebriert wird. Er nimmt die Magie mit sich und trägt sie zu ihrem Bestimmungsort.

Die berühmtesten Raben sind wohl die zwei Begleiter des nordgermanischen Gottes Odin, deren Namen Hugin und Munin soviel wie Gedanke und Erinnerung bedeuten. Sie informieren ihn über alles, was auf Erden vor sich geht.

Klugheit und Verbundenheit zur inneren Tiefe der Seele sind die Eigenschaften des Krafttiers Rabe. Seinem Träger bringt er Einsicht, Selbsterkenntnis und Freude am Sein durch die Akzeptanz der dunklen Seite.

Die Botschaft des Raben ist:	Blicke ins Dunkel, um das Licht schätzen zu lernen!
Symbol des Raben:	Sonne, Mond und Sterne
Element des Raben:	Luft
Edelstein des Raben:	Obsidian
Tageszeit des Raben:	Morgen und Abend
Jahreszeit des Raben:	Herbst und Winter
Farbe des Raben:	Schwarz
Als Amulett schützt der Rabe vor:	Ängstlichkeit, Mutlosigkeit und Unwissen
Als Talisman bringt der Rabe:	Erkenntnis, Einsicht und Lebensbejahung

Die Ratte

Oftmals verschrien als Schädling und Überträger von Krankheiten, ist die Ratte gänzlich missverstanden und in schlechten Ruf gebracht worden. Ihre wahre Natur liegt in ihrer Intelligenz, ihrem Lebensmut und ihrer Begabung, in jedem Umfeld zu überleben und das Beste auch aus der unmöglichsten Situation zu machen. Wenn man bedenkt, wie viel Aufwand der Mensch betreibt, um die Ratten zu vernichten, wird einem klar, wieviel die Ratte in ihrem täglichen Überlebenskampf leistet.

Als Krafttier steht sie für die unzerstörbare Seele. Die Seele kann verletzt, missbraucht und geschunden werden, jedoch niemals zerstört. Durchhalten, unbemerkt seine Ziele verfolgen und schließlich wieder aus der Versenkung hervorkommen wie Phönix aus der Asche – dies wird möglich mit der Rattenkraft. Keine Situation ist unaushaltbar, keine Lage zu schwierig. Mit der Ratte als Krafttier können wir intelligente Lösungen finden und geschickt das erreichen, was wir erreichen wollen.

Die Botschaft der Ratte ist:	Mit klugem Köpfchen vorwärts kommen.
Symbol der Ratte:	k. A.
Element der Ratte:	Erde
Edelstein der Ratte:	Bernstein
Tageszeit der Ratte:	Morgen und Abend
Jahreszeit der Ratte:	Frühling und Herbst
Farbe der Ratte:	Braun
Als Amulett schützt die Ratte vor:	Hoffnungslosigkeit und Niederlagen
Als Talisman bringt die Ratte:	Kreativität, Ausdauer und Intelligenz

Das Reh

Als Symbol für Sanftmut und unerschöpfliche Freundlichkeit ist es der Heiler aller alten Wunden. Völlig wehrlos und von zarter Statur begegnet es den Wirrungen des Lebens mit Liebe und Vergebung.

Das Reh lehrt uns, dass nur die Herzenswärme unsere alten Verletzungen heilen kann und uns befähigt, schwierigen Menschen gegenüberzutreten. Es bringt die Fähigkeit mit sich, unter allen Umständen zuversichtlich und guter Dinge zu bleiben. Von Widrigkeiten oder bösen Menschen lässt sich die Kraft des Rehs nicht beeindrucken. Sich auf die Macht der positiven Gedanken berufend erwehrt es alles Schlechten, ohne sich dabei in den Strudel destruktiven Hasses hinein ziehen zu lassen.

Für alle, die Gutes tun wollen, ist es das richtige Krafttier, denn es schenkt einem die Gabe, für jeden da zu sein und sich selbst trotzdem nicht zu vernachlässigen.

Die Botschaft des Rehs ist:	Nur Warmherzigkeit heilt die Wunden des Lebens.
Symbol des Rehs:	Quelle, Knospe
Element des Rehs:	Erde
Edelstein des Rehs:	Rosenquarz
Tageszeit des Rehs:	Vormittag
Jahreszeit des Rehs:	Frühling und Herbst
Farbe des Rehs:	Braun, Weiß
Als Amulett schützt das Reh vor:	Gefühlskälte und Niedergeschlagenheit
Als Talisman bringt das Reh:	Liebe, Lebensmut und Verständnis

Die Schlange

Dieses alte Symboltier hat in vielen Kulturen große Bedeutung. Als Jörmungandr, die Midgardschlange, umwindet sie im nordgermanischen Glauben die Welt, als Manasà herrscht sie während der Schlafperioden des Gottes Vishnu und als halbgöttliche Nagas bewachen sie die Schätze der Erde. Worin aber ist die ursprünglichste Bedeutung zu suchen? Wenn wir uns zurückbegeben zu den Anfängen der menschlichen Kultur, finden wir ihre wahre Natur als Krafttier und erkennen, dass sie eine sich ständig wandelnde Energie besitzt. Sich häutend streift sie das Alte ab und lässt es zurück. Sie erneuert sich ohne Unterlass und bringt als Krafttier die Fähigkeit zur Wandlung.

Nur wer stets in Bewegung bleibt, wird sich weiter entwickeln und sein Ich auf höhere Ebenen bringen können. Die Schlange als Krafttier befähigt uns, alte Muster loszulassen und das Neue anzunehmen. Ihre Verbindung zur dunklen Seite und zum Tod bringt mit jeder Wandlung auch Erkenntnis. Ohne das Vergehen kann es kein Werden geben.

Die Botschaft der Schlange ist:	Arbeite immerfort an dir selbst!
Symbol der Schlange:	Ring
Element der Schlange:	Erde und Feuer
Edelstein der Schlange:	Labradorit
Tageszeit der Schlange:	Abend
Jahreszeit der Schlange:	Herbst
Farbe der Schlange:	Grün, Gelb, Rot
Als Amulett schützt die Schlange vor:	Unbeweglichkeit und geistigem Stillstand
Als Talisman bringt die Schlange:	Zielstrebigkeit und Wandlungsfähigkeit

Der Schmetterling

Entfaltung ist hier das Schlüsselwort. So, wie der Schmetterling sich von einer Raupe zum geflügelten Wesen entwickelt, so soll sein Träger sich ebenfalls zum Höheren entwickeln. Es ist eine Idee, ein Traum oder ein Wunsch, den es zu entfalten, zu befreien gilt. Es sollen einer Fantasie Flügel verliehen werden.

Die Kraft des Schmetterlings liegt in der Selbsttransformation. Aus dem Einen wird etwas gänzlich Anderes. Als Luftwesen, jedoch der Erde entstammend, bringt er Wissen und sogar eine gewisse Stabilität in die Leichtigkeit seines Elements. Obwohl er durch die Luft torkelt wie trunken, begründet er seine Lebenslust und seine Freiheit auf einer starken, durch Wandel geformten Seele. Nur durch die innere Stärke, die er sich durch seine Transformation angeeignet hat, ist er in der Lage, sich wirklich fallen zu lassen und sich dem Wind anzuvertrauen.

Als Krafttier bringt er diese Leichtigkeit mit sich, in dem er uns bei unserer Transformation hilft und uns dabei den Weg weist.

Die Botschaft des Schmetterlings ist:	Gib‘ dich der Veränderung hin!
Symbol des Schmetterlings:	Flieder
Element des Schmetterlings:	Luft
Edelstein des Schmetterlings:	Opal
Tageszeit des Schmetterlings:	Vormittag, Mittag und Nachmittag
Jahreszeit des Schmetterlings:	Frühling und Sommer
Farbe des Schmetterlings:	Rot, Gelb, Grün, Weiß
Als Amulett schützt der Schmetterling vor:	Trauer und Verzweiflung
Als Talisman bringt der Schmetterling:	Leichtigkeit, Freiheit und Kreativität

Der Schwan

Der Schwan als Sinnbild edler Reinheit wird oftmals als Begleiter oder gar Reittier von Göttinnen dargestellt. Sein weißes Gefieder und die graziöse Haltung seines biegsamen Halses sind Ausdruck seines Elements Luft. Doch durch die enge Verbindung zum Wasser, seinem zweiten Element, gewinnt sein Wesen an Tiefe und Intuition. Es heißt, er könne die Zukunft voraussehen und demnach auch seinen eigenen Tod. Vielfach wurde dies aufgegriffen und zu Sagen über Jungfrauen weiter geführt, die sich in weissagende Schwanenfrauen verwandeln können.

Das Krafttier Schwan ist wahrlich ein Seher. Mit seiner Sensibilität spürt er manches voraus und teilt es seinem Träger mit. Zu seinen Gaben gehören neben Schönheit und Anmut somit auch Intuition und hellseherische Kraft.

Doch hinter der Grazie eines Schwans verbirgt sich auch Wehrhaftigkeit und ein ausgeprägtes Selbstbewusstsein. Menschen mit der Schwanenkraft werden sich nicht übervorteilen oder gar ausstechen lassen. Ihr Erscheinungsbild wird stets tadellos sein und Respekt gebieten.

Die Botschaft des Schwanes ist:	Nichts kommt wirklich unversehens.
Symbol des Schwanes:	See, Spiegel
Element des Schwanes:	Luft und Wasser
Edelstein des Schwans:	Bergkristall
Tageszeit des Schwans:	Vormittag und Nachmittag
Jahreszeit des Schwans:	Sommer
Farbe des Schwanes:	Weiß
Als Amulett schützt der Schwan vor:	Bankrott, Fügsamkeit und Hautkrankheiten
Als Talisman bringt der Schwan:	Selbstbewusstsein, Kraft und Schönheit

Der Seehund

Sehnsucht scheint aus den großen Augen der Seehunde zu sprechen. Ihr Wesen liegt in den unergründlichen Tiefen des Meeres und im Mond am nächtlichen Himmel. Immer dann, wenn Menschen über ihren Träumen und unerfüllten Hoffnungen nachts wach liegen, ist die Seehundkraft am Wirken. Sie zwingt uns, unseren Träumen nachzugehen, sie nicht aufzugeben.

Der Seehund führt uns tief in die eigene Gefühlswelt und konfrontiert uns mit unseren Emotionen. Verliebte haben die Seehundkraft auf ihrer Seite, denn sie brauchen Verbindung zu ihrem Gefühlsleben, um auch dem Anderen nahe sein zu können. Wenn wir uns die Seehundkraft zu eigen machen, erlangen wir Fantasie, Offenheit, Verständnis und Tiefe. Oberflächlichkeit hat hier keinen Platz. Mit dem Seehund als Krafttier haben wir einen Führer und Begleiter auf dem Weg zu uns selbst ins Innere unserer Seele.

Die Botschaft des Seehundes ist:	Glaube an deine Träume!
Symbol des Seehundes:	Meer, Mond
Element des Seehundes:	Wasser
Edelstein des Seehundes:	Islandspat
Tageszeit des Seehundes:	Morgen, Vormittag und Nachmittag
Jahreszeit des Seehundes:	Frühling
Farbe des Seehundes:	Hellgrau
Als Amulett schützt der Seehund vor:	Einfallslosigkeit und Gefühlsarmut
Als Talisman bringt der Seehund:	Liebe, Verständnis und Einigkeit in Beziehungen

Der Spatz (Sperling)

Sperlinge sind Seelenbegleiter. Sie sind die kleinen Geister, die unauffällig überall gegenwärtig sind. Ihre kleinen Körper sind voller Kraft und Seele. Gering an Größe verschmelzen sie mit ihrer Umwelt und sind im Dickicht nicht zu erkennen. Als leises Rascheln im Laub oder als flatternde Bewegung zwischen den Zweiglein im Baum sind sie fast körperlos. Sie sind immer fröhlich und zuversichtlich. Ohne Argwohn beobachten sie die Menschen und leben mit ihnen.

Der Spatz als Krafttier ist ein stiller Wächter und ein schneller Bote. Gute Wünsche und freundliche Gedanken bringt er zu den Menschen, an die wir sie schicken. Die Kraft des Spatzen wacht über ihren Träger. Ein rascher Verstand und scharfe Sinne erkennen die Veränderungen, ohne sie zu werten. Die Spatzenkraft begleitet uns durch unübersichtliches Gelände und führt unsere Seele hinaus ins Freie, wenn wir nicht mehr weiter wissen.

Die Botschaft des Spatzen ist:	Sei aufmerksam, still und frohen Mutes!
Symbol des Spatzen:	Laub, Zweige
Element des Spatzen:	Luft
Edelstein des Spatzen:	Achat
Tageszeit des Spatzen:	Jederzeit
Jahreszeit des Spatzen:	Frühling, Herbst und Winter
Farbe des Spatzen:	Braun
Als Amulett schützt der Spatz vor:	Überrumpelung und Verwirrung
Als Talisman bringt der Spatz:	Aufmerksamkeit, Gelassenheit und Frohsinn

Die Spinne

Wie die Spinne ihr Netz webt, so weben die Menschen ihr Schicksal. Wer sich im Netz der Spinne verfängt, hat nicht begriffen, dass man seinem Schicksal nicht ausgeliefert ist, sondern es selbst gestalten muss. Wir sind Ursache all der Dinge, die uns passierenm und deshalb können wir unsere Zukunft selbst erschaffen. Dies ist die Lehre der Spinne.

Als Krafttier zeigt sie uns, dass wir mit Sorgfalt und Ausdauer das erreichen können, was wir wollen. Wir sind die Weber unseres Lebensweges. Mit einem unendlich langen Faden spinnen wir das Schicksal und können es somit bestimmen.

Der Körper einer Spinne bildet eine liegende Acht und ihre zwei mal vier Beine ergeben wiederum acht. Die liegende Acht ist das Symbol der Ewigkeit. Mit der Spinne als Krafttier können wir die Ewigkeit begreifen und uns als Teil des Ganzen in sie einfügen. Wir werden befähigt, unser Leben in die Hand zu nehmen.

Die Botschaft der Spinne ist:	Gestalte dein Schicksal selbst!
Symbol der Spinne:	Netz
Element der Spinne:	Luft
Edelstein der Spinne:	Diamant
Tageszeit der Spinne:	Abend und Nacht
Jahreszeit der Spinne:	Frühling und Herbst
Farbe der Spinne:	Schwarz
Als Amulett schützt die Spinne vor:	Abhängigkeit und Zweifel
Als Talisman bringt die Spinne:	Eigeninitiative und Selbstständigkeit

Die Taube

Uns allen ist das Symbol der Friedenstaube geläufig. Meist mit einem Zweiglein im Schnabel steht sie für Frieden und Gewaltlosigkeit. Im Grunde steht dies im Gegensatz zu ihrem natürlichen Verhalten. Sie ist wehrhaft, auf ihren eigenen Vorteil bedacht und durchaus gewillt, Nahrung oder Nistplatz mit allen Mitteln, die ihr zur Verfügung stehen, zu verteidigen. Wenn wir also nach dem wahren Sinn ihres Symbolik fragen, müssen wir an einer anderen Stelle ansetzen.

In China zum Beispiel erscheint sie im Kopfschmuck der „Kinder spendenden Göttin“ und steht für Treue und Fruchtbarkeit aufgrund dessen, dass sie meist paarweise auftritt und die Brutpflege zwischen Männchen und Weibchen aufgeteilt wird. Auch die so genannten Turteltauben als Symbol Liebender sind weit verbreitet. Hierin liegt das wahre Wesen, welches im Krafttierglauben Wirkung hat.

Die Taube als Krafttier steht für Treue, Familiensinn und auch Heimatliebe, denn selbst über große Entfernungen findet sie immer wieder nach Hause. Ihre fleißige Geschäftigkeit ist ebenfalls Teil ihrer Kraft. Sie weiß, wofür sie sorgen muss, und sie versäumt nicht, ihre Aufgaben zu erledigen.

Die Botschaft der Taube ist:	Halte den Deinen die Treue!
Symbol der Taube:	k. A.
Element der Taube:	Luft
Edelstein der Taube:	Sodalith
Tageszeit der Taube:	Vormittag, Mittag, Nachmittag
Jahreszeit der Taube:	Frühling
Farbe der Taube:	Graublau, Weiß
Als Amulett schützt die Taube vor:	Einsamkeit, Untreue und Verrat
Als Talisman bringt die Taube:	Fleiß und Selbstbehauptung

Der Tiger

Die Kraft des Tigers finden wir in seiner ursprünglichen Heimat Asien. In Altchina wurde der Tiger aus Respekt meist nicht mit seinem Namen (Hu) genannt, sondern als „König der Berge“ umschrieben. Er findet sich auch im chinesischen Tierkreis wieder und tritt in vielen Sagen, Geschichten und Sprichwörtern auf.

Der Tiger gilt dank seiner Macht und Vitalität als „Yang“-Tier. Es heißt, dass sogar die Dämonen Furcht vor ihm haben, und so findet man auf vielen alten Gräbern Statuen in Form eines Tigers. Schutzgottheiten reiten auf Tigern und Tigerplastiken bewachen Hauseingänge. Hier wird schnell klar, dass der Tiger an sich Symboltier für Schutz, Macht, Stärke und große Energie ist. Er gibt nicht klein bei, er fürchtet nichts und niemanden.

Die Tigerkraft bringt uns all dies und befähigt uns, den nächsten Abschnitt des Weges furchtlos und auch kompromisslos zu gehen. Wir sind im Recht und wir setzen uns durch. Er schenkt seinem Träger eine unbeugsame Willenskraft und auch körperliche Stärke. Wir genesen schneller von Krankheiten, verlieren „Wehwehchen“ und werden leistungsfähiger. Auch als Schutz können wir ihn besonders gut einsetzen.

Die Botschaft des Tigers ist:	Die Zeit ist gekommen, um deinen Willen durchzusetzen.
Symbol des Tigers:	Klinge
Element des Tigers:	Feuer
Edelstein des Tigers:	Tigerauge
Tageszeit des Tigers:	Mittag
Jahreszeit des Tigers:	Sommer
Farbe des Tigers:	Gelb, Schwarz
Als Amulett schützt der Tiger vor:	Kraftlosigkeit, Zweifel und Schwäche
Als Talisman bringt der Tiger:	Vitalität, Mut und Zielstrebigkeit

Der Wal

Der Wal ist die Erinnerung selbst. Er ist das Urwissen. Seine Symbolik ist die des unendlichen Meeres, des fernen Mondes und der Mutter Erde. Seine Macht liegt im Urton, den jedes Lebewesen zu Empfangen im Stande ist. Wir alle hören diesen Ton, doch nur wenige nehmen ihn bewusst wahr. Es ist der Ton, der alles heilen und ganz machen kann.

Träger der Walkraft können die Verbindung aufnehmen. Sie erkennen, dass die Harmonie des Ganzen im Einzelnen begründet liegt. Bildhaft gesprochen, ist jedes Sein eine Note in der Melodie des Urtons. Die Macht, die daraus erwächst, ist die Macht der Heilung, des Wissens und der Harmonie.

Als Krafttier tritt der Wal selten auf, da er einen fast unüberschaulichen Symbolgehalt hat. Man könnte sagen, dass er für einen Menschen fast zu groß ist, um ihn zu verstehen. Doch wer die Walkraft für sich gefunden hat, wird einen unumstößlichen Begleiter an seiner Seite haben.

Den Wal als Krafttier zu schicken, ihn also für eine Aufgabe einzusetzen, ist nicht einfach und vielleicht auch nicht zweckmäßig. Die Macht des Wals nützen wir besser, in dem wir unsere Seele durch die Verbindung zu ihm heilen und erneuern lassen. Antworten finden und Gleichklang erreichen sollte das Ziel in der Arbeit mit dem Krafttier Wal sein.

Die Botschaft des Wals ist:	Verbinde dich mit dem Urton und erkenne deine Bestimmung!
Symbol des Wales:	Meer, Mond, Firmament
Element des Wales:	Meer und Äther
Edelstein des Wales:	Azurit
Tageszeit des Wales:	Mitternacht
Jahreszeit des Wales:	Winter
Farbe des Wales:	Dunkelblau
Als Amulett schützt der Wal vor:	Selbstaufgabe, Verzweiflung und Schmerzen
Als Talisman bringt der Wal:	Hoffnung, Heilung und Erkenntnis

Der Wellensittich (gilt auch für andere Sittiche)

Sittiche sind gesellige Vögel. Gerade Wellensittiche fliegen in Scharen von vielen Dutzend Tieren übers Land. Sie brauchen einander und sie brauchen die Freiheit.

Wie können sie Freiheit innerhalb einer großen Gruppe, als einer unter vielen, finden? – Diese Frage führt zu der Erkenntnis, dass nur Abhängigkeit Freiheit schaffen kann. Abhängigkeit ist ein negativ belastetes Wort, doch es bezeichnet nicht nur die Unfähigkeit, ohne etwas Bestimmtes auszukommen, sondern in erster Linie auch die Sicherheit einer Bindung an Wesen und Dinge, die einem etwas bedeuten.

In der großen Gruppe seiner Schar ist sich der Wellensittich der Unterstützung und der Sicherheit bewusst, und diese lässt ihn sich frei fühlen. Wahre Freiheit kann nicht vollendete Unabhängigkeit sein, da es eine solche nicht gibt. Sobald wir uns von allem abgenabelt hätten, würden wir abhängig sein von einer weiteren Sache: von Misstrauen, Furcht und Vorsicht. Denn ohne diese wäre das Überleben ohne Halt nicht möglich. Und so lehrt uns der Wellensittich, dass die Abhängigkeit von sozialen Bindungen weit mehr erstrebenswert ist und uns viel freier macht als die vermeintliche „totale Unabhängigkeit".

Die Botschaft des Wellensittichs ist:	Finde Halt und sei frei!
Symbol des Wellensittichs:	Blauer Himmel
Element des Wellensittichs:	Luft
Edelstein des Wellensittichs:	Chrysopras
Tageszeit des Wellensittichs:	Mittag
Jahreszeit des Wellensittichs:	Sommer
Farbe des Wellensittichs:	Grün, Blau, Gelb
Als Amulett schützt der Wellensittich vor:	Fehlender Rückhalt und Richtungslosigkeit
Als Talisman bringt der Wellensittich:	Heiterkeit, neue Bekanntschaften und Vertrauen

Der Widder

Im abendländischen Tierkreis finden wir den Widder an erster Stelle. Und das will er auch im Leben sein. Er will alles als erster, und vor allem will er alles am besten tun. Mit dem Kopf durch die Wand will der Widder sich durchsetzen und achtet dabei selten auf seine eigene Gesundheit.

Als Krafttier bringt er uns somit zum einen Durchsetzungskraft, zum anderen Energie. Zwar fehlt es dem Widder meist an Durchhaltevermögen, doch dies ist nicht unbedingt erforderlich. Die Widderkraft kommt dann zum Einsatz, wenn für eine bestimmte Sache oder auch nur für eine einzige Handlung viel Energie auf einmal erforderlich ist. Ohne viel Vorbereitung, jedoch mit Anlauf, lässt uns die Widderkraft das Hindernis nehmen und bewältigen. Erst wenn es hinter uns liegt, wird der Widder zufrieden auf sein Werk blicken und sich seiner Standhaftigkeit wieder einmal ein Stück mehr bewusst werden. Ohne seine Erdung und Verwurzelung in einer festen Basis könnte er nicht die nötige Kraft aufbringen. Er gründet seine Energie auf einer Sicherheit, die er sich frei wählt. Seine Gaben sind die Erkenntnis, wo wir unsere Kraft verwurzeln können, und die Energie, die von Nöten ist, um zum Ziel zu kommen.

Das Schaf liegt in der Bewertung der Krafttiere zwischen Lamm und Widder.

Die Botschaft des Widders ist:	Schöpfe Kraft aus der Basis deiner Erdung!
Symbol des Widders:	Sonne
Element des Widders:	Feuer
Edelstein des Widders:	Roter Citrin
Tageszeit des Widders:	Mittag
Jahreszeit des Widders:	Sommer
Farbe des Widders:	Goldgelb, Weiß
Als Amulett schützt der Widder vor:	Entscheidungsunfähigkeit und Umwege
Als Talisman bringt der Widder:	Frische Energie, Stabilität und Mut

Der Wolf

Sehr oft tritt der Wolf als Krafttier in Erscheinung. Fast jedem, der sich mit Krafttieren beschäftigt, ist er schon einmal begegnet – als zeitweiliger Begleiter oder treuer Freund über viele Jahre. Der Wolf ist deshalb so häufig, da er der klassische Führer und Lehrmeister ist. Er ist der Pfadfinder unter den Krafttieren. Seine Kraft ist leise und still, kann aber, wenn nötig, wild und energisch werden. Seine Aufgabe besteht zu vorderst darin, seinen Träger auf den richtigen Pfad, auf den rechten Weg zu führen. Meist wortlos zeigt er uns die Richtung, in die es sich zu gehen lohnt. Sein Gespür ist unbeirrbar und er wird auch in tiefster Dunkelheit wissen, wohin es geht. Der Treueste unter allen Begleitern beschützt, lenkt, lehrt und führt zugleich.

Der mächtige Lehrmeister ist Herr über die Welt der Gefühle und Emotionen. Er ist für Reisen ins Unterbewusste das geeignete Krafttier und wird seinem Träger nicht von der Seite weichen. Vor seinem in die Seele gerichteten Blick kann nichts verborgen werden. Er deckt auf, findet und entschlüsselt. Selbstbetrug wird unmöglich.

Wölfe – dem Haushund verwandt, und doch so verschieden von ihm – sind sehr soziale und intelligente Tiere. Neben der Treue und Klugheit, die er mit dem Hund gemein hat, ist seine tiefe Verbundenheit mit der Natur und dem alten Wissen seine bedeutendste Eigenschaft, die dem Hund leider im Zuge seiner Domestizierung verloren gegangen ist.

Sich mit dem Wolf verbinden bedeutet, zu lernen und zu begreifen, seine Intuition wieder zu entdecken und sich dem Leben offen und frohen Mutes zu stellen.

Die Botschaft des Wolfes ist:	Lerne!
Symbol des Wolfes:	Mond, Stern
Element des Wolfes:	Erde und Wasser
Edelstein des Wolfes:	Fluorit
Tageszeit des Wolfes:	Nacht
Jahreszeit des Wolfes:	Winter
Farbe des Wolfes:	Silber
Als Amulett schützt der Wolf vor:	Unglück
Als Talisman bringt der Wolf:	Wissen, Einsicht, Erkenntnis, innere Stärke

Die Macht der Krafttiere im Alltag nutzen

„Nicht nur in der nichtalltäglichen Wirklichkeit und auf meinen schamanischen Reisen, sondern auch im alltäglichen Leben ist mein Krafttier immer für mich da, wenn ich es brauche."

Cleo, Schamanin

Haben Sie Ihre Krafttiere gefunden?

... Dann ist es an der Zeit zu erfahren, welche Mittel und Wege es gibt, sie im Alltag einzusetzen. Schließlich sollen sie das eigenen Leben bereichern, erleichtern und lebenswerter machen. Sie sollen Antworten liefern, Krankheiten heilen, Erkenntnisse und Einsichten vermitteln und als Beschützer dienen.

Da dieses Buch hauptsächlich für Menschen gedacht ist, die sich zum ersten Mal an den Glauben an Krafttiere und den Umgang mit ihnen heranwagen oder sich tiefer in das Thema einarbeiten wollen, sind die Tipps und Anleitungen so allgemein verständlich wie möglich gefasst. Der Leser muss also nicht Anhänger des Schamanismus sein, um die Macht der Krafttiere wie ein schamanischer Heiler einsetzen zu können. Vielmehr soll ein lockerer Umgang, ein praktischer Austausch mit den Krafttieren vermittelt werden. Spielerisch, aber doch mit der nötigen Konzentration, kann sich auch ein ansonsten wenig spiritueller Mensch damit beschäftigen und sein Leben dadurch bereichern.

In diesem Kapitel stehen drei Arten des Umgangs und des Nutzens von Krafttieren im Vordergrund:

- die Versenkung
- die Verschmelzung, also das Einswerden mit dem Krafttier
- die Anziehung der Krafttiermächte durch Talismane und Amulette

„Wenn ich einen schwierigen Termin habe, dann schicke ich mein Krafttier voraus und ich kann dann sicher sein, dass dieser Termin gut verläuft."

Cleo, Schamanin

Versenkung – Von unseren Krafttieren lernen

Es gibt mehrere Arten und Formen von Meditation, die alle mehr oder weniger einfach auszuführen sind. Beginnen wir mit der einfachsten Art.

Besinnung

Im täglichen Leben kann es Situationen geben, die einen überfordern: Stress und Hektik, emotionale Ereignisse oder beängstigende Umstände. Hier kann die kurze, innere Besinnung auf das der Lage entsprechende Krafttier Abhilfe schaffen. Beispiel:

Natalie verlässt spät abends eine Party. Sie ist zu Fuß unterwegs, da ihr Haus nur einige hundert Meter von dem Veranstaltungsort entfernt liegt. Es ist dunkel und sie ist allein. Im Grunde sagt ihr der gesunde Menschenverstand, dass schon nichts passieren wird. Auch wenn in den Medien von schrecklichen Straftaten berichtet wird, darf dies kein Grund sein, sich nicht mehr nachts aus der Wohnung zu wagen. Doch so ganz behaglich kann sie sich nicht fühlen. Sie biegt in den Weg neben dem Park ein und beäugt misstrauisch die dunkle Anlage zu ihrer Rechten. Als sie sich zu ängstigen beginnt, kann sie sich nicht einmal über den Sternenhimmel oder die frische Luft freuen.

Was soll Natalie tun? Sie sollte sich nicht ängstigen lassen, doch wie festigt sie ihr Selbstvertrauen?

Sie möchte entspannt nach Hause spazieren und nicht dauernd Angst haben, dass aus dem nächsten Busch ein Verbrecher hervorspringen könnte. Also konzentriert sie sich auf eines ihrer Krafttiere, den schwarzen Panther. Sie visualisiert, wie die agile, mächtige Großkatze vor ihr her auf dem Weg geht. Sie betrachtet das schimmernde Fell und die Muskulatur, die bei jeder Bewegung des starken Tierleibes sichtbar wird. Ihr Schwarzer Panther geht vor ihr her und sie stellt sich seine Ehrfurcht gebietende Ausstrahlung wie eine weit gefächerte Aura vor, die sie mit einschließt. Natalie sagt sich selbst, dass nichts und niemand ihr schaden kann. Der Panther beschützt sie und stärkt ihr Inneres. Jetzt entspannt sie sich und lässt den Panther dafür Sorge tragen, dass nichts geschieht. Ihr Geist ist nun frei, den nächtlichen Spaziergang zu genießen.

Oder nehmen wir das Beispiel von Michael:

Michael ist bei seinen Eltern zu Besuch. Es gibt Streit und Ärger, da sein Vater wieder mit nichts zufrieden ist, was Michael mit seinem Leben anfängt. Das Psychologiestudium ist nichts „Richtiges" und er hätte lieber einen „gescheiten" Beruf erlernen sollen. Sich mit dem Vater in die Haare zu bekommen würde nichts nützen, und so wird das Thema beendet. Doch die Stimmung ist am Boden. Michaels Laune ist auf dem Nullpunkt. Er ist enttäuscht von sich selbst, da er nicht lockerer mit der Kritik seines Vaters umgehen kann. Er wür-

de die leidige Sachen gerne vergessen und sich lieber den Dingen widmen, die er sich für den Besuch vorgenommen hat. Er setzt sich einen Augenblick in die Essecke und denkt über eines seiner Krafttiere nach. Es handelt sich dabei um den Papagei. Michael stellt sich nun vor, wie die Kraft des Papageis in seinem Innern einen Knoten löst. Er versucht, die Lage mit Heiterkeit zu betrachten, sich und seinen Vater nicht ganz so ernst zu nehmen. Er erkennt, dass er sein Leben selbst in der Hand hat und sein Vater eben so ist, wie er ist. Wenn er sich die Kritik seines Vater nur anhört, sich dann aber auf andere Themen konzentriert und gelassen bleibt, muss kein Streit aus den verschiedenen Ansichten erwachsen. Vielleicht gelingt es ihm sogar, die ganze Sache mit Humor zu nehmen.

Meditation

Meditation ist konzentrierte Entspannung. Bevor sie anfangen, müssen Sie genau wissen, was Sie von Ihrem Krafttier wollen. Formulieren Sie eine konkrete Frage und beginnen Sie mit der Meditation. Dabei muss Folgendes beachtet werden:

Sie brauchen einen Raum für sich, der warm und gut durchlüftet ist. Es dürfen keine Störgeräusche durch Fenster oder Türen kommen. Das Telefon ist ausgeschaltet und niemand wird in der nächsten halben Stunde an der Haustür klingeln. In bequemer Hauskleidung setzten Sie sich nun auf den Boden und versuchen, den Körper zu entspannen. Schließen Sie die Augen und beobachten Sie Ihre Atmung. Folgen Sie dem Strom der Luft durch den Mund, die Luftröhre hinab in die Lungen. Atmen Sie bewusst in den Bauchraum und stellen Sie sich vor, wie der Sauerstoff bis in den letzten Winkel Ihres Körpers eindringt und jede Zelle belebt. Achten Sie auf Ihren Herzschlag, der langsam und gleichmäßig ist. Wenn sich Ihre Gliedmaßen schwer und warm anfühlen, verbannen Sie alle Gedanken aus Ihrem Kopf. Lassen Sie sie zuerst locker und zwanglos an sich vorüberziehen. Vielleicht denken Sie an den Einkauf, oder daran, dass Sie das Waschbecken noch putzen müssen. Lassen Sie dies alles einfach vorüberfliegen und sehen Sie den Gedanken zu, als wären es die eines Anderen und beträfen Sie gar nicht. Jetzt sagen Sie sich, dass im Moment nichts wichtig ist, dass nichts getan werden muss und alles in Ordnung ist. Erlauben Sie sich, völlig leer zu werden.

Haben Sie den Eindruck, dass Sie entspannt und leer sind, stellen Sie sich einen schönen Platz vor. Eine Wiese zum Beispiel. Sehen Sie all die Einzelheiten auf dieser Wiese oder einem anderen Ort ihrer Wahl: Blumen, Wolken, Pflanzen, aber auch Geräusche und Gerüche wie wogende Brandung oder der würzige Duft eines Waldes.

Wenn Sie dann ganz *dort* sind, schauen Sie sich um, ob sie Ihr Krafttier sehen. Es wird in Ihrer Nähe sein. Wenn Sie es sehen, nehmen sie Kontakt zu ihm auf.

begrüßen Sie es. Dann fragen Sie es, was sie wissen oder erfahren wollen. Nun wird das Krafttier antworten. Entweder in Worten, in Gefühlen oder Bildern, in denen es Ihnen etwas zeigt. Vielleicht führt es Sie woanders hin. Folgen Sie ihm und achten Sie auf alles, was es tut und sagt.

Wenn Sie das Gefühl haben, alles gesehen oder alles gehört zu haben, dann gehen Sie zurück zu dem Ort, an dem Ihre Reise begann. Hier verabschieden Sie sich von Ihrem Krafttier und bedanken sich. Bevor Sie die Augen öffnen, machen Sie sich klar, dass Sie nun von einer anderen Welt wieder in die eigene wechseln, und lassen Sie los. Öffnen Sie die Augen und versuchen Sie die Botschaft Ihres Krafttieres zu verstehen. Vielleicht haben Sie während der Reise noch nicht verstanden, was es ihnen sagen wollte, also nehmen Sie sich Zeit, um darüber nachzudenken.

Verstehen helfen oder die Erlebnisse vertiefen kann meditative Musik während der Meditation. Auch Räucherstäbchen, wie sie im Handel erhältlich sind, können zu einem tieferen Erlebnis führen. Am besten bewährt haben sich dabei Lavendel und Weihrauch, je nachdem, ob Sie frischen oder eher erdigen Duft bevorzugen.

Hypnose

Diese Form der Versenkung ist die schwierigste und sollte von Laien nur durchgeführt werden, wenn sie ein wenig Ahnung von Hypnose und deren Mechanismus haben. Oder Sie gehen zu einem praktizierenden Hypnotiseur, dem Sie Ihr Anliegen schildern und der dann statt Ihrer die Fragen an das Krafttier richtet.

Sollten Sie jedoch die Hypnose ausprobieren wollen, ist folgende Methode zu empfehlen:

Setzen Sie sich auf einen Stuhl und stellen Sie eine Lampe vor sich in etwa 30cm Entfernung. Richten Sie die Lampe so ein, dass Sie auf Augenhöhe mit Ihnen ist und Ihnen direkt ins Gesicht strahlt. Nun legen Sie die Hände so vor die Augen, dass kein Licht hindurch dringt. Schließen Sie die Augen und entspannen Sie sich in ähnlicher Weise wie in der Meditation. Achten Sie auf Ihre Atmung. Öffnen Sie die Augen und überprüfen Sie, dass kein Licht durch ihre geschlossenen Finger dringt. Schließen Sie die Augen wieder und starren Sie (mit geschlossenen Augen) ins Schwarz ihrer Augenlider. Starren Sie in den leeren, dunklen Raum hinein und entspannen sich weiter.

Dann nehmen Sie so schnell wie möglich die Hände von den Augen und sehen direkt in das Licht der Lampe hinein. Gleich darauf schließen Sie die Augen wieder und legen die Handflächen in bekannter Weise davor. Nun müssten Sie ein Nachbild sehen. Farben oder Formen. Diese Gebilde sehen Sie sich an und verfolgen sie mit den geschlossenen Augen, wie sie im Schwarz herum fliegen.

Konzentrieren Sie sich voll und ganz darauf. Sie werden dadurch in einen Trance ähnlichen Zustand geführt werden, in dem Sie Ihr Krafttier wie bei der Meditation kontaktieren und befragen können. Auch hier ist es vonnöten, sich vorher genau zu überlegen, was man das Krafttier fragen will oder welche Hilfe man sich erhofft.

Und bitte sehen Sie wirklich nur einen kurzen Moment ins Licht, da dadurch die Sehzellen gereizt werden!

Aus einer leichten Hypnose erwecken Sie sich am besten durch ein vorher festgelegtes Wort und eine Handlung. Vielleicht das Wort „Aufwachen!" und das lockere Klopfen mit den flachen Händen auf die Wangen.

Verschmelzung – Sich die Macht der Krafttiere aneignen

Die Verschmelzung ist am geeignetsten bei körperlichen Beschwerden oder um Einstellung, Gefühle oder Empfindungen zu beeinflussen. Sie bedarf keiner großen Vorbereitung und kann über einen längeren Zeitraum aufrecht erhalten werden.

Dabei geht man folgendermaßen vor:

Sie visualisieren Ihr Krafttier so bildhaft und lebendig, wie es geht. Sie müssen es wirklich *sehen* und seine Anwesenheit spüren. Manchmal ist es hilfreich, sich die Krafttiere als Teil seiner selbst vorzustellen und zu visualisieren, wie sie aus dem eigenen Körper heraus kommen. So könnte man sich zum Beispiel vorstellen, wie das Reh sich in einem rührt und festigt und schließlich aus dem eigenen Bauch in die Welt hinaus springt.

Hauptsache ist, dass Sie Ihr Krafttier wirklich sehen und spüren. Es muss da sein, wie eine Erscheinung aus einer anderen Welt, körperlos und nur durch den Geist seines Trägers sichtbar.

Nehmen Sie geistig Kontakt auf. Begrüßen Sie das Krafttier innerlich und mit herzlichen Gefühlen. Freuen Sie sich über den Beistand und die Treue Ihres Krafttieres. Dann geben Sie Ihrem Krafttier die Aufgabe, die es für Sie erledigen soll.

Dies kann zum Beispiel die Linderung von Schmerzen in einem bestimmten Körperteil sein oder das Überbringen von guten Wünschen und Gedanken zu jemandem, dem man in einer schweren Situation nicht persönlich beistehen kann.

Hier nun die wichtigsten Aufgaben mit einem Anleitungsgerüst. Jeder sollte selbst die beste und ihm passendste Visualisierung finden, doch zu Anfang kann man sich an die hier beschriebene Variante halten. Mit der Zeit wird man so guten Kontakt zu seinen Krafttieren haben, dass man sie mit dem geringsten Aufwand herbeizurufen versteht.

Schmerzen lindern/auflösen

Sie haben Ihr Krafttier visualisiert. Nun sagen Sie ihm in Gedanken, wo es Sie schmerzt und wo Sie sich Linderung erhoffen. Ist es beispielsweise die wehe Schulter, stellen Sie sich vor, wie Ihr Krafttier klein und kleiner wird, bis es die Größe eines Tischtennisballes erreicht hat. Stellen Sie sich vor, wie Ihr Krafttier in Ihren Körper eindringt, vielleicht durch die Atemluft oder einfach durch die Haut. Spüren Sie die Wärme und die heilende Energie. Denken Sie immer daran, dass das Krafttier Ihr Freund ist. Es will Ihnen helfen, Ihnen Gutes tun und für Sie da sein.

Visualisieren Sie, wie Ihr Krafttier zum Schmerz vordringt, und spüren Sie, wie es den Schmerz vollkommen auflöst. Wenn der Schmerz heiß ist, dann stellen Sie sich vor, wie Ihr Krafttier kühlende Wellen aussendet. Ist der Schmerz kalt, dann stellen Sie sich vor, wie Ihr Krafttier wärmende Strahlen schickt. Oder Sie stellen sich vor, wie das Krafttier den Schmerz mit sich nimmt und auflöst. Seien Sie kreativ und scheuen Sie sich nicht davor, Lösungen zu finden, die ungewöhnlich sind. Es ist alles richtig, was Ihnen Ihr Gefühl sagt. Und Ihr Krafttier wird schon das Richtige machen.

Botendienste

Vielleicht liegt ein Verwandter im Krankenhaus und Sie wissen, dass er gerade jetzt operiert wird. Sie können nicht bei ihm sein. Schicken Sie also Ihr Krafttier. Wenn Sie es visualisiert haben, schicken Sie es einfach auf die Reise. Sagen Sie ihm, wohin es muss und wen es anzutreffen hat. Geben Sie ihm wohl formulierte Wünsche für denjenigen mit und stellen Sie sich vor, wie das Krafttier diese Wünsche in Form von guten, positiven Energien mit sich nimmt und demjenigen überbringt, für den sie gedacht sind. Stellen Sie sich vor, wie es ihm gut geht, wie er Glück bei allem hat und dass ihm nun nichts Schlimmes mehr widerfahren kann.

„Gefühle-Verleih“

Ihr Krafttier steht für ein bestimmtes Gefühl, eine ganz bestimmte Einstellung. Diese können Sie sich in Form von Energie leihen, denn es hat schier unendlich viel davon.

Sind Sie ängstlich, leihen Sie sich von ihrem Tiger Mut und Kraft. Sind Sie traurig, leihen Sie sich vom fröhlichen Papagei die nötige Heiterkeit oder vom weisen Wal die Hoffnung darauf, dass alles besser wird. Falls Sie ständig ausgenutzt werden, dann leihen Sie sich vom Esel eine Portion Starrsinn, und bei Selbstzweifeln holen Sie sich beim Kakadu Vertrauen zu sich selbst. Jedes Krafttier kann Ihnen auf seine eigene Weise helfen.

Dazu visualisieren Sie Ihr Krafttier wie gehabt und stellen sich vor, wie sein Wesen auf Sie übergeht. Vielleicht stellen Sie sich vor, wie das Krafttier eins mit Ihnen wird oder mit Ihnen verschmilzt. Oder sie stellen sich vor, wie Sie selbst sich in das jeweilige Tier verwandeln. Wichtig ist nur, dass Sie wirklich die Kraft und vor allem die gewünschte Eigenschaft *spüren*.

Entscheidungshilfe

Wenn Sie einmal nicht wissen, was zu tun ist, dann kann Ihnen eines Ihrer Krafttiere vielleicht helfen. Visualisieren Sie es und stellen Sie es vor die Wahl, die Sie im Moment beschäftigt. Es wird ganz natürlich und ohne zu zögern seine Wahl treffen. Dieser Weg mag nicht immer der *einfachere* sein, doch es wird mit großer Sicherheit der *richtige* sein.

Aurawechsel

Katarina hat die Schule gewechselt, da sie auf ihrer alten Schule gehänselt und gemobbt wurde. Lange Jahre hat sie die anderen Schüler nicht mehr gesehen und erinnert sich nur ungern daran. Nachdem sie die Schule schon längst abgeschlossen hat, sieht sie auf dem Weg in die Stadt plötzlich drei der ehemaligen Klassenkameraden. Sie würden sie bestimmt nicht ansprechen.. Sie würden sie vielleicht nicht einmal erkennen. Doch trotzdem wird Katarina flau im Magen. Sei weiß genau, dass ihre ängstliche Ausstrahlung unbewusst übermittelt wird, wenn sie an den dreien vorbei geht. Sie will nicht so wirken, sie will nicht schwach und furchtsam erscheinen. Also visualisiert sie schnell ihr Krafttier, den Wolf. Sie sieht vor ihrem geistigen Auge, wie er aus ihr heraus auf die Straße springt und vor ihr her läuft. Er strahlt so viel Ruhe und Selbstsicherheit aus, dass sie sich augenblicklich besser fühlt. Nun, während sie auf die ehemaligen Klassenkameraden zugeht, stellt sie sich vor, wie ihr Wolf sich mit ihr verbindet. Seine kräftige, spirituelle Aura legt sich über sie wie ein Schild. Sie spürt förmlich, wie sie plötzlich Selbstbewusstsein und innere Stärke ausstrahlt. Fast ist es, als würden alle Menschen um sie herum sehen, dass sie sich verändert hat. Jetzt ist sie auf selber Höhe mit den anderen, die sie nur flüchtig ansehen und weiterreden. Niemals würden sie einen dummen Spruch loslassen, denn sie spüren unterbewusst, dass ihr Gegenüber stark und wehrhaft ist. Denn nur, wenn man die Ausstrahlung eines Opfers hat, wird man auch Ziel von Angriffen auf das eigene Ich.

Dies können auch Sie so machen. In jeder Situation können Sie sich die Aura Ihres Krafttiers leihen, um auf andere Menschen in einer bestimmten Weise zu wirken. Dies ist nur nötig in der ersten Zeit Ihrer Arbeit mit den Krafttieren, denn bald schon wird ein Teil der Kraft auf Sie übergehen und zum Bestandteil Ihrer Selbst werden. Schließlich sind Krafttiere dazu da, Ihr Wesen auf eine höhere Ebene des Seins zu führen.

Talismane und Amulette – Anziehung der Krafttiermächte

„Pflegen und ehren kann man seine Krafttiere, indem man Figuren von ihnen aufstellt und Bilder von ihnen aufhängt“

Cleo, Schamanin

Doch man ehrt sie nicht nur dadurch, sondern zieht auch ihre Kräfte damit an. Der Unterschied zwischen Amulett und Talisman besteht im eigentlichen Sinn nur darin, dass das eine ein Schmuckgegenstand ist, den man am Körper trägt, und das andere eine Figur oder ein Symbol, das man zu Hause an einem geheimen Ort verwahrt. Im spirituellen Sinn liegt der Unterschied darin, dass ein Amulett die entgegen gesetzten Kräfte davon abwehrt, welche es darstellt. Steht also ein Amulett in Form eines Tigers für Stärke, wehrt es alles ab, was den Träger schwächt..

Ein Talisman dagegen zieht die Kräfte an, die er darstellt. Also würde eine Tigerfigur, um bei dem Beispiel zu bleiben, alles anziehen, was den Besitzer stärkt. Es ist auch sehr logisch, betrachtet man das von der symbolischen Seite: Zu Hause steht der Tiger, der all die guten Energien anzieht, die dann auf den Besitzer übergehen. Verlässt jedoch der Besitzer sein Heim, nimmt er die aufgenommenen Energien mit sich. Ein Amulett sorgt nun außerhalb seines Zuhauses dafür, dass die gewonnenen Kräfte nicht zerstört oder ihm entzogen werden.

Auf was ist zu achten?

Im Grunde kann man davon ausgehen, dass einem das eigene Gefühl, also die Intuition, genau sagt, welcher Talisman und welches Amulett richtig ist. Außerdem entscheidet ja der eigene Geschmack, welches Material und welche Form der Gegenstand haben soll. Aber es gibt einige Anhaltspunkte, die man zwar beachten kann, jedoch nicht muss.

Das Material

Edelsteine sind gute Energieträger. Sie nehmen auch die Schwingung ihres Trägers auf und harmonisieren sich mit ihm. Es ist anzuraten, den jeweiligen Stein passend zum Tier auszuwählen. Dies erhöht die Kraft und Wirksamkeit. Jeder Edelstein sollte hin und wieder unter kaltem, fließendem Wasser energetisch gereinigt werden. Den Stein vielleicht einmal im Monat ins Mond- oder Sonnenlicht zu legen ist ebenfalls förderlich.

Metall ist nicht ganz so leicht auf die Energie eines Menschen einzustellen, deshalb eignet es sich besser für Amulette, da diese auf der Haut und im ständigen Kontakt schneller harmonisieren. Wenn ein Metall-Amulett einmal auf seinen Träger eingestellt ist, ist es stärker und wirksamer als ein Edelstein. Metall in Verbindung mit einem Edelstein ist auch eine sehr gute Lösung.

Holz ist anpassungsfähig und lebendig. Es sollte darauf geachtet werden, dass es so wenig wie möglich behandelt wurde. Es eignet sich bestens für Tiere des Elements Erde. Tiere des Elements Feuer sollten nicht aus Holz gearbeitet sein, da es deren Energien nicht halten kann.

Stoff eignet sich gut für Talismane. Kleine Stofftiere sind ebensogut als Talisman zu gebrauchen wie ein teures Stück aus Edelstein. Wichtig ist nur, dass man einen persönlichen Bezug zu dem Talisman herstellen kann. Der Wert des Gegenstandes ist nebensächlich.

Für **Papier** gilt gleiches wie für Holz, wobei Papier hervorragend für Tiere des Elements Luft geeignet ist.

Stein (oder Ähnliches wie z. B. Keramik) ist ein Material, das sich für willensstarke Tiere anbietet. Büffel, Widder und Esel zum Beispiel entfalten im Stein große Kraft. Für Lufttiere weniger geeignet, da ihre Kraft verlangsamt wird.

Plastik ist nicht direkt zu verachten, obwohl lebendige Materialien zu bevorzugen sind. Plastik ist wie eine Maske dessen, was dargestellt werden soll. Es wirkt also nicht direkt, sondern nur in abgeschwächter Weise.

Horn, Zahn, Federn und Knochen sind sehr gute Materialien. Genauso wie echtes **Fell** sind sie ausgesprochen lebendig und von großem Symbolgehalt. Jedoch sollte man hier auf den Tierschutz achten!

Wenn man sein Amulett und seinen Talisman gefunden hat, sollte man sich viel mit ihnen beschäftigen. Das Material auf der Haut spüren, den Gegenstand in den Händen halten und kennen lernen. Darüber meditieren vertieft die Beziehung und man sollte Talismane und Amulette nicht zu häufig wechseln. Es kann vorkommen, dass einem eines von beiden irgendwann nicht mehr richtig, oder gar fehl am Platz erscheint. Dann ist es ratsam, das Amulett abzulegen oder den Talisman wegzuräumen. Vielleicht verspürt man schon bald Sehnsucht nach dem Gegenstand. Wenn nicht, dann wird sich wie durch Magie bald schon ein Nachfolger einstellen.

Man sollte sich außerdem ruhig mit dem jeweiligen Tier umgeben und es in sein Leben aufnehmen. Bilder, Poster, Kunstdrucke an den Wänden, Stofftiere, Figuren, Plastiken im Wohnraum. Ob es nun die Bettwäsche mit dem Tigermotiv oder der Schulordner mit dem Eichhörnchen darauf ist – ganz egal. Das Krafttier soll präsent sein. Öfter mal die Figuren und Dinge umstellen und neu anordnen bringt mehr Aktivität und Energie. Nichts ist schädlicher, als die Dinge an ihren angestammten Plätzen verstauben zu lassen. Und falls ein

Krafttier Sie verlassen hat, räumen Sie auch seine Abbildungen fort, soweit Sie das für angebracht halten.

Sich mit seinem Krafttier auseinander zu setzen, in dem man über das natürliche Vorbild etwas in Erfahrung bringt, ist auch förderlich. Aber meistens kommt man von selbst auf die richtigen Bücher oder Fernseh-Sendungen.

Auf ein neues Krafttier, das in Ihr Leben kommt, werden Sie meist ganz von selbst hingewiesen. Vielleicht begegnet Ihnen ein bestimmtes Tier immer wieder oder Sie träumen davon. Dann ist es Zeit, sich mit dem Tier zu beschäftigen und zu sehen, ob es in das eigene Leben eintreten will. Natürlich kann man sich ein Krafttier auch bewusst holen, jedoch wird die Partnerschaft nicht tief und nur von kurzer Dauer sein. Für eine bestimmte Lebenssituation kann dies ausreichen. Besser sind aber die langjährigen, treuen Begleiter.

Das Krafttier wird alles spüren, was Sie tun. Es wird sich durch die Bilder und Figuren bestätigt und geehrt fühlen. Zwar hilft es seinem Träger auch ohne Ehrung, doch jemandem, der Ihnen beisteht, werden Sie bestimmt gerne Ihren Dank und Ihre Freundschaft bezeugen. Schließlich haben Sie in Ihrem Krafttier einen Freund, der Sie niemals im Stich lässt, Sie nicht betrügt oder belügt, Ihnen offen und ehrlich Frage und Antwort steht, Sie durch die Dunkelheit führt, Ihnen seine Kraft und seine Ausstrahlung leiht, Sie berät und beschützt und Ihnen hilft, Ihr Leben neu zu entdecken und nach Ihren Wünschen und Träumen zu gestalten. Und wie findet man Freunde? In dem man selbst ein guter Freund ist!

Nachwort

Mein Anliegen war es, Ihnen die eigenen Kräfte Ihres Unterbewussten näher zu bringen. Vielleicht haben Sie ja schon Ihre Krafttiere gefunden und mit Ihnen Freundschaft geschlossen.

Meine Krafttiere haben mir immer treu zur Seite gestanden. Ich habe sie kommen und gehen sehen, habe alte Bekannte wieder entdeckt und neue Wesen verstehen gelernt. Ich hoffe, dass die Krafttiere Ihr Leben genauso bereichern, wie das bei mir der Fall war.

An dieser Stelle möchte ich noch einigen Personen danken:

Cleo, die mir sehr geholfen hat und deren seelenvolle Worte ich als Zitate in dieses Buch integriert habe.

Sven, der mir einige Texte gerettet hat, nachdem ich sie aus Versehen gelöscht habe. Wie gut ist es doch, einen Computer-Fachmann im Freundeskreis zu haben!

Anna, die sich nächtelang meine Pläne und Ideen anhören musste.

Tina, die mich inspirierte durch ihre offene Einstellung dem Thema gegenüber.

Frau Kabisch, die meine Seele auf die Entdeckung der vielen wunderbaren Dinge dieser Erde vorbereitet hat.

Meiner Mutter, da ihr Weg der Heilung mein Vertrauen in meine eigenen Werte gefestigt hat.

Und last but not least dem werten Leser, der sich für meine Erkenntnisse interessiert hat und mir bis zum Ende des Buches gefolgt ist.

Herzlichen Dank!

Dachau, den 20.02.2002

Tanja Schröder

Sonnensex und Mondblut

Spirituelle Erotik und Ritualsexualität für Frauen und die spirituelle Bedeutung der Menstruation

von Tanja Schröder

ISBN 978-3-89094-422-7, 56 Seiten, Softcover, Format DIN-A5

Wie kommt man auf die Idee, ein Buch über Menstruation zu schreiben? Als Frau war ich der Meinung, dass in den endlosen Reihen der wissenschaftlichen Werke über die Menstruation etwas ganz wesentliches fehlt, denn diese beschränken die Menstruation meist auf die reine Funktionalität. Aber eine Frau blutet nicht nur einmal im Monat, weil das so sein muss. Vielmehr ist es ein sich ständig lendes Ritual der Weiblichkeit, der Unendlichkeit sogar. Eine Huldigung an das Werden, Sein und Vergehen. Nichts symbolisiert den Ablauf des Lebens derart bedeutungsvoll wie der weibliche Zyklus. Und der Punkt, an dem sich dieser geheimnisvolle Zyklus auch nach außen hin sichtbar macht, ist eine Zeit von intensiver weiblicher Kraft.

Die meisten Frauen empfinden ihre Menstruation heutzutage als lästig und unbequem. "Es" passt nicht in unsere Zeit hinein, in der man rund um die Uhr an jedem Tag einsatzbereit, voll funktionsfähig und in der gleichen Art und Weise "gut drauf" sein muss. Doch die Tage sind nicht gleich, - nein - manche Tage sind einfach und natürlicherweise anders.

Menstruation als Quelle von Kraft und Spiritualität zu erfahren, birgt große Chancen. Sich wieder auf seinen eigenen, persönlichen Zyklus zu besinnen, ihn wahrzunehmen und aus ihm Stärke zu beziehen, ist etwas, das sich wirklich lohnt. Schon allein das Symbol ist so voll Kraft, dass man nicht übersehen kann, wie viel spirituelles Erfahren dahinter verborgen liegt: Blut ist das reine Leben. Die Menstruation ist kein lästiges Übel, kein Handicap. Sie sollte zelebriert, erfahren und intensiv erlebt werden. Mit dem Körper genauso wie mit der Seele.

Und wie steht es nun mit der Verbindung zwischen Menstruation und Sex? Keine zwei Dinge könnten sich näher stehen: Ist die Menstruation ein Symbol für Fruchtbarkeit, so ist der sexuelle Akt ein Symbol für die Erfüllung derselben. Eine höchst heilige Verbindung zwischen Mond- und Sonnenkraft.

Kunstvoll und sinnlich bebildert wurde dieses Buch von der Illustratorin Claudia Engelen.

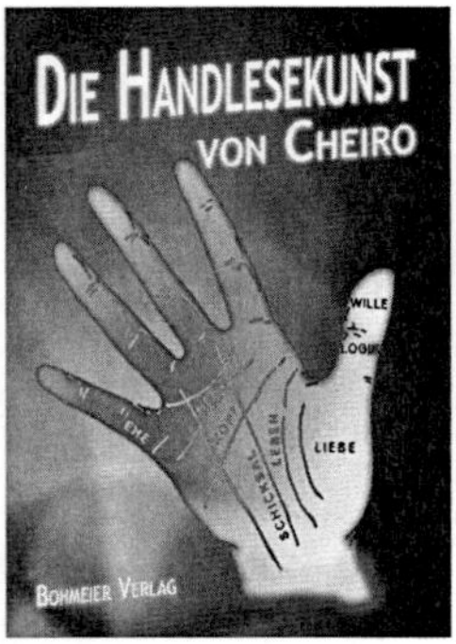
Die Handlesekunst
von Cheiro
Bohmeier Verlag

High werden ohne Drogen
Ein Bewusstseinserweiterndes Handbuch
von Frederick E. Dodson
Bohmeier Verlag

KRAFTTIERE
Die unsichtbaren Begleiter
von Tanja Schröder
Bohmeier Verlag

Das Geheimnis der Dualseelen,
Seelengefährten und Seelengeschwister
von Sandra Ruzischka
Bohmeier Verlag

Des Teufels Apokryphen
Zu jeder Geschichte gibt es zwei Seiten
von John A. De Vito
Bohmeier Verlag

Sternentore
Die rätselhafte sechste Dimension

Die Entsäuerung des Körpers
in 10 Schritten
Der ultimative Jungbrunnen und Schlankmacher!
Das Säure-Basen-Gleichgewicht
Anleitung zur Ausschwemmung krankmachender Säure
Bohmeier Verlag
von Patrizia Pfister

Die geheimen Botschaften,
Manuskripte und Schätze der Templer
in RENNES - LE - CHATEAU
Die Auflösung des kosmischen Geheimnisses
das bisher nur Eingeweihten vorbehalten war
von Monika Hauf

Das Buch der
Werwölfe
von Sabine Baring-Gould
Bohmeier Verlag

Küchenmagie
von Sor. Conata
Bohmeier Verlag